嘘だらけの日露近現代史

倉山 満
Mitsuru Kurayama

目次

はじめに――帰ってきた「嘘だらけシリーズ」

お久しぶりです。いよいよ「嘘だらけシリーズ」が帰ってきました。『嘘だらけの日米近現代史』『嘘だらけの日中近現代史』『嘘だらけの日韓近現代史』の三部作に続き、今回は、ロシアです。

ロシアの話をする前に、「嘘だらけシリーズ」で、これまで何を語ってきたのかおさらいしておきましょう。

「嘘だらけシリーズ」は、「日本人の自虐的な歴史認識と歪なナショナリズムを正そう」という目的で書き始めました。

第一作の『日米』では、日本人として「何がなんでも好き」では困るけど、「何がなんでも嫌い」でも困るアメリカという国と、どう向き合うかについて面白おかしく描きました。私が世に出た作品ということで、非常に思い入れがあります。

帯の「リンカーンは極悪人、ウィルソンは狂人、ルーズベルトはスパイ、クリントンは破壊者」といった表現は、アメリカ人が世界中に垂れ流しているプロパガンダに等しい歴史観になじんでいる日本人が聞くとびっくりするかもしれませんが、どれも事実です。
また、「三つの法則を使ってアメリカを理解しよう！」ということで、アメリカの歴史を日本との関係で俯瞰しました。

その一、アメリカはバカ！
その二、アメリカはヘタレ！
その三、でも、やるときはやる！

しかし、「何がなんでも好き」の媚米拝米でもなく、「何がなんでも嫌い」の反米嫌米でもなく、成熟したナショナリズムという真の意味での「親米」に今の日本人がたどり着くには、まだまだ時間がかかりそうです。

第二作の『日中』で、何かともめごとが多い中国のあしらい方を述べたのが次の三法則です。

一、力がすべて
二、陰謀でごまかす
三、かわいそうな人たち

しかし、この三法則よりも、次の「中国史のパターン」のほうが話題になりました。

一、新王朝、成立
↓
二、功臣の粛清
↓
三、対外侵略戦争
↓
四、漢字の一斉改変と改竄歴史書の作成
↓
五、閨閥、宦官、官僚など皇帝側近の跳梁

←
六、秘密結社の乱立と農民反乱の全国化
←
七、地方軍閥の中央侵入
←
八、一へ戻る

一部の漢文マニアは「そんなことあるか！」と発狂したようですが（笑）、その直後に「時々、逆行したり順番を飛ばしたりしますが、基本的にこのパターンを数千年間繰り返して今に至っています。はっきり言えば、秦の始皇帝も漢の劉邦も中華人民共和国の毛沢東も同じです」と記してあった注釈を読んでいないのでしょう。

では、今の習近平はこのパターンから逃れているのか。今を「五」と見るか「六」と見るかはともかく、ひたすら「古代と中世を繰り返している地域」という結論は動かしがたい事実です。中国に意味不明な思い入れをしている人たちにとっては、残念ながら。

中国にわけのわからない幻想を抱くのはいい加減にやめましょう、ということです。ついでに言うと、「支那」ではなくわざわざ「中国」と呼んでいるのは、「犯罪者を呼ぶときは、本人が自称する呼称で呼べばよい」という原則に従っているだけです。念のため。

第三作の『日韓』では、最近やたらと話題に上ることが多い韓国を取りあげました。韓国の法則は次のとおり。

一、頭の中身がファンタジー
二、軍国主義でないと正気を保てない
三、反日を言っていないと親日になってしまう

我ながらよくもまあ、なんの変哲もない話をここまで面白おかしく飾り立ててきたな、と思います。たとえば「朝鮮人を人間扱いしたから大日本帝国は滅びた」というウェブの記事に噛みついてきた団体があったのですが、中身をよく読めば世界中の学会で伝統的な帝国主義論について書いてあるだけです。見出しでしか判断しない人のいかに多いことか。

アメリカが「むかつくトモダチ」で、中国が「単なる敵」だとしたら、韓国はなんでしょうか。歴史的に見れば中国は朝鮮半島を自分の一部だと思っていて、日本は日本で「通り道」としてしか見ていなかった。ネトウヨが「世界で一番嫌いな国は韓国」というのは勝手であり、私もその根拠となる韓国の無礼についてはは否定しません。しかし、韓国だけを取りあげて叩いてなんの意味があるのか。そこだけ見てほかを見ようともしない。絶対評価さえあれば相対評価はいらない。これではバランス感覚など生まれるはずがありません。アメリカ叩きの場合も同じですが、なぜ全肯定か全否定の極端な意見しかないのでしょうか。バランス——中庸とか平衡感覚、というのは言うは易く行うは難し、ですがその姿勢を持たなければいつまでたっても正しい道に近づけないのは明らかでしょう。

「韓流ブーム」も今は昔、最近はおよそ政治に関心を持っているとも思えないサラリーマンやOLすらも「韓国って、嫌なヤツだよね」という風潮があり、「反韓嫌韓」本が次々と大ベストセラーになるご時世に、「韓国ごときをいちいち相手にしてるんじゃねえ！」というお説教をぶっこんだのですが、おかげさまで大反響がありました。

脅迫状が三通も来ました。毎回、八重洲ブックセンターというところでサイン会をしているのですが、このときは護衛が四人もつく厳戒態勢のなかでのサイン会となりました。某元首相のSPよりも多いです。もはや笑うしかありません。

三冊ともに共通しているのは、みんなが信じている「通説」を紹介したうえでその誤りを正していく、という体裁をとっていることでした。その国の成り立ちから日本との関係、そして現代を通観できるようになっています。

私がアカデミズムの世界に見切りをつけ、こうした物書きの世界に飛び込んだのも、まさに「通史」を描きたかったからでした。部分的には、ものすごく詳しい人は多い。しかし、全体を語れる人がほとんどいません。これは大学教授も、そこらのオタクであっても変わりません。たいていの大学教授は「自分の専門以外のことを語らないのが美学だ」などとわけのわからない言いわけをして己のモノ知らずを自己正当化しますし、オタクは最初から自分の好きなことしかしません。

だから、部分的には正しくても全部つなげると意味不明な話になりかねないのです。「日本はアメリカに脅されて開国しました。でも明治維新をやって日露戦争に勝ったら調子に乗って、中国を侵略しました」式の説明です。この説明、百パーセント正しいわけでも、百パーセント間違っているわけでもありません。

そもそも歴史とは、一人の人間が体験できない時間と空間を、事実に基づいて因果関係を説明する営みです。誰かが考えたどれか一つの説明が正しい、などということはありえないのです。そもそも、どの事実を取りあげるかによって、その歴史家の立場が表れるのですから。

すでに「嘘だらけシリーズ」をお読みの方はおわかりかと思いますが、三部作のどれも前半はイケイケドンドンで「大日本帝国万歳！」みたいな内容で、「日本人に生まれてよかった」と心の底から言えるような物語なのですが、いつの間にかシンミリとした気分になったと思います。もちろん、後半とは敗戦以後の話です。

『日米』をお読みになった方は、「『巨大なアメリカに〝ちっぽけな日本〟が挑んだ』なんていうのは嘘だったのか！」「どこで今みたいになってしまったんだ」と思ったことでしょう。

『日中』の前半では末期清朝を、同じく『日韓』では李氏朝鮮をこれでもかとこき下ろしています。多くの反中嫌韓の人は溜飲を下げたことでしょう。日本人として「これくらい言い返さなくてどうする?」というつもりで徹底的に筆誅を加えました。

しかし、後半をお読みになって、どう思ったでしょうか。

アメリカの持ち物にされ、さらにソ連や中国にチョッカイを出される。敗戦後の日本こそ、末期清朝や李氏朝鮮の姿にほかなりません。

「嘘だらけシリーズ」第一期は、米中韓で完結しました。帰ってきた第二期シリーズはロシアから始めます。今までとは違ったトーンで。

近代日本にとって、脅威であり好敵手であり、時に友人であり、多くの時期は憎むべき敵である国の物語の始まりです。

第一章　ロシアの正体

主な登場人物

チンギス・ハーン（一一六二年～一二二七年）　モンゴル帝国の初代ハーン。ルーシの皆さんは長らく「タタールの軛」に苦しむこととなるが、その元凶。

イヴァン三世（一四四〇年～一五〇五年）　モスクワ大公。ルーシ北東部を「タタールの軛」から解放した名君と評価される。

イヴァン四世（一五三〇年～一五八四年）　モスクワ皇帝。三世の孫。雷帝と呼ばれる。モスクワを「帝国」にする。

第一節　「ロシアの法則」――文明を熟知したうえで破る

なぜ、今ロシアを取りあげるのか。プーチンがウクライナで騒ぎを起こしたあげく、ルーブル危機になってザマアミロ！というのもありますし、敗戦のドサクサに火事場泥棒で北方領土を掠め取っていったまま返さない憎き敵で、どうしても関心を抱かなければならない国というのもあります。どの事象を取りあげても、「よくもまあ次から次へとこれだけ……」といった厄介を引き起こしてくれる相手です。

ただ、これまでの「嘘だらけシリーズ」で扱ったアメリカ・中国・韓国と、ロシアとでは本質が違います。米中韓は「文明」を理解できない国でしたが、ロシアは無軌道に見えて「文明」を理解しています。これは端的に能力の差です。

アメリカは極めて新しい国です。ジョージ・ワシントンのアメリカは単なる州の寄せ集めで、今のEUのようなものでした。リンカーンの南北戦争のときにやっと一つの国としてのアメリカ合衆国は成立し今に至るのですが、こういう〝幼児体験〟があるので、「星条旗への忠誠」をこれでもかと教育しているにもかかわらず、「アメリカ国民」という意識を持つアメリカ人は多くありません。

その典型例が、第四十三代大統領のジョージ・W・ブッシュです。彼の発言を読み解けば、ブッシュは自分のことを「テキサス人」だと思っています。テキサスから見れば、連邦政府も国際連合も違いがよくわからない。アメリカは世界の保安官を気取りながら、横紙破りで国際ルールを踏みにじる国ですが、そもそも連邦法と国際法の区別がついていません。たとえば、連邦政府は州に命令をしても構いませんが、アメリカ政府（＝連邦政府）がほかの国をアゴで使えば内政干渉です。実に迷惑な話ですが、アメリカ人の能力の問題なので仕方ありません。

中国は、「四千年の文明」を誇りますが、単なる誇大広告です。なぜなら、その四千年間にどれほど「文明」とやらのレベルが向上したのか。いまだに「法」とか「約束」とかの概念が未発達です。中国人にとって「約束」とは、「他人に言うことを聞かせる道具」くらいの意味でしかなく、時に「法」は「人殺しを正当化する大義名分」になります。個人レベルでも国家単位でも変わりないのがハタ迷惑なところです。

韓国は、中国と同じく儒教文化圏で近代法の概念がありません。一応、選挙というものもやっているようですが、この国の大統領は「五年任期の王様」です。権力者に授権規範だけがあって、そのほかの人々には制限規範があるだけです。

ひらたく言うと、「権力者はやりたいことができて、それ以外の人々は言うことを聞かされるだけ」ということです。

米中韓の三国には、外国との約束も自分の都合で勝手に変更するという特徴があるのですが、彼らの意思が問題なのではなく、能力的な問題だと考えたほうがいいでしょう。

一方、ロシアは米中韓のような文明を知らない野蛮国とは違います。彼らは文明を熟知したうえで破ります。破るために熟知すると評したほうが正確でしょうか。もちろん、ロシアの内政はハチャメチャで、プーチン大統領の政敵がなぜか次々と「謎のヘリコプター事故」で死亡したり、体制批判をしたジャーナリストが死体となって川に浮かんでいたり、暗殺のニュースには事欠きません。ただし、外交における巧みさは異なります。

本書で、なぜロシアが生き残ってこられたのかを縷々説明しますが、彼らの外交能力は卓越しています。たった一度の敗戦で骨抜きにされてしまった日本人が学ぶべきは、ロシアの面の皮の厚さです。

本書でロシアの歴史、彼らが何をやってきたかを通観する前に、「ロシアの法則」を並べておきましょう。

ロシアの法則

一、何があっても外交で生き残る
二、とにかく自分を強く大きく見せる
三、絶対に（大国相手の）二正面作戦はしない
四、戦争の財源はどうにかしてひねりだす
五、弱いヤツはつぶす
六、受けた恩は必ず仇で返す
七、約束を破ったときこそ自己正当化する
八、どうにもならなくなったらキレイごとでごまかす

たいしてロシア史に詳しくない人でも心当たりがあるのではないでしょうか。第二次世界大戦前、ソ連は日米英独の四大国を敵に回し、いつ滅びてもおかしくない状態でした。ところが、スターリンという指導者は日米と英独の戦争を煽りに煽り、共倒れのようなつぶし合いをさせて見事に生き残りました。その過程で、徹底した秘密主義を貫き、ノモンハン事件では日本軍を相手に赤軍が壊滅的大敗を喫していた事実すらもソ連崩壊後まで隠

し続けたほどです。

米英との大同盟（グランドアライアンス）を組んでドイツを攻めつぶし、どう考えても負けがない状態になってから日本との中立条約を破棄して攻め込んできました。

よくロシアは「五百パーセントの安全保障を求める国」と言われますが、いついかなるときも経済状態より安全保障を優先させます。戦争に勝つために国民が飢餓で死ぬなど日常茶飯事です。人の命が軽い国をなめてはいけません。

日本人はよく「北方領土を火事場泥棒のようにして取られた」と嘆くのですが、まだまだ甘い。ロシアは火事場泥棒で主権国家を三つくらい掠め取っています。バルト三国など、西欧で大戦が始まった瞬間にまとめて侵略されています。軍事力のない小国など数に数えないのがロシアの流儀です。世界の権力政治家を見ればわかりますが、力の論理の信奉者は、自分より強い相手とは絶対に喧嘩をしません。そして、自分より弱い相手の話も絶対に聞きません。ロシアはこれを徹底しています。

だから、義理人情浪花節という概念はなく、「あのとき助けてあげたじゃないか」と恩を着せようにも、そのときの力関係がすべてなのです。スターリンにとってヒトラーに攻め込まれたのは間違いなく最大の誤算ですが、この危機においてソ連の外交官は日本に対して極めて卑屈でした。ところが、日本が敗戦間際に米英との仲介を頼もうとしても、一切聞く耳を持ちませんでした。ついでに先取りしておくと、「アジアの野蛮人」のごとく扱われていたロシア（当時はモスクワ帝国）をヨーロッパの仲間に引き入れたのはポーランドですが、ロシアはこの恩に対して、ポーランドを「地球の地図から三回消す」という仇で返しています。

ロシアがすごいのは、あからさまな国際法違反をしておきながらも、必ず相手の過失を見つけだして非を鳴らすことです。日本との中立条約を破っていきなり宣戦布告したことに対しては、「四年前に国境で演習を行った」とか、理由にならない理由を喧伝しました。これを真に受ける日本史学者が大量発生しているので頭が痛いのですが、ソ連の面の皮の厚さには舌を巻きたくなります。ソ連が国境を飛び越えて挑発するから紛争が絶えなかった事実などは、なかったことにしています。

しかし、意外なことですが、現代の国際法の進展にロシアは大きく寄与しています。とくに一八九九年と一九〇七年のハーグ平和会議はロシア主導で行われ、それまで慣習法として確立してきた国際法を条約としてまとめる作業が本格化していくことになります。では、なんのためにそんなことを言いだしたのかといえば、当時のロシアは財政難で戦争が起きると対応できないので、キレイごとを言ってみんなをごまかそうとしたのです。自分の生き残りに必死ですから、これでもかと大まじめに国際法を研究するのです。ロシア人にとって国際法は、人をだます大事な道具です。ついでに言うと、冷戦期のソ連はことあるごとに「雪解け」とか「緊張緩和」とか言って時間を稼ぐのが常套手段でした。

日本人にとってロシアは、憎むべき相手ですが、尊敬すべき強敵でもあります。

第二節 「タタールの軛」――モンゴル人のパシリ時代

ロシアはウラル山脈を挟んでヨーロッパとアジアにまたがる地球最大の国です。ウラル以東はシベリアといわれ、一部の資源産出地帯を除けば、極寒で不毛の地です。ロシア人は、東へ東へと少数民族を征服しながら領土を拡大していきました。一時期はアラスカまで領有していましたが、イギリスとの紛議が絶えないので、アメリカに破格の安さで売り飛ばしています。そのあとに油田地帯が発見されるというオチがつくのですが。

いずれにしても、ロシアの中心は、ヨーロッパ部分になります。それだけでもかなりの面積を有するのですが、これはルーツをたどれば三つの国にたどり着きます。

端的に言えば、「ロシア＝ノヴゴルド＋キエフ＋モスクワ」です。

ノヴゴルドは、海賊（バイキング）たちがバルト海から流れ着いて現地スラブ人を征服してつくった国です。領域は今のベラルーシあたりにまで及びました。キエフは今のウクライナの首都です。モスクワは言うまでもなく、現在のロシア連邦の首都です。

かつてベラルーシは白ロシアと名乗り、ウクライナは小ロシアとも呼ばれました。侵略によって国境などいとも簡単に変わる大陸国家に「固有の領土」という考え方はありませんが、ロシア人の歴史的記憶によると、この三国の領域がそれに近いでしょうか。ですから、日本人に「北方領土は日本固有の領土だ、返せ」と言われると、「え？　ノヴゴルドの時代にまで遡るの？」としか言いようがないのです。

彼らのことをルーシと言いますが、ノヴゴルドの建国は八六二年、彼らが占領したキエフを首都にしたのが八八二年です。こいつらは、東ローマ帝国の首都であるコンスタンチノープルを性懲りもなく何度も襲撃しています。

モスクワが歴史に登場するのはかなり遅く、一一四七年です。ユーリー長腕公がオリゴビィッチ公と会見を行った場所として記されるのが最初です。一一五六年には城壁が築かれました。この城壁のことをクレムリンと言います。

ルーシの歴史において決定的だったのは、一二〇四年に近隣の大国である東ローマ帝国

（ビザンチン帝国）が崩壊したことです。歴史のテストでは一四五三年に滅ぼされたと覚えさせられますが、一二〇四年に一度滅ぼされています。第四回十字軍は、中東のエルサレムに向かうはずが、通り道の東ローマ帝国を踏みつぶしてしまったのです。それまでキリスト教世界の頂点はコンスタンチノープルでしたが、バチカンに移ったという大事件です。ローマ帝国の東西分裂から八百年、西が東に勝った最初でした。

東ローマ帝国は一二六一年になんとか復活しますが、往年の力は取り戻せません。では誰が権力の真空を埋めたのか。つまり、ビザンチンが握っていた力を誰が奪うのかということですが、ルーシではなくトルコ人が勢力を伸ばしました。北方騎馬民族のルーシはローカル民族の地位を脱することができませんでした。

そして、東方にすべてを吹っ飛ばすような巨大な帝国が出現します。モンゴルです。一二〇六年、モンゴル人の部族たちの大会議であるクリルタイで長に選ばれたチンギス・ハーンが、ユーラシア大陸全土で大帝国建設事業を始めます。

中央アジアの国々はまたたく間に吸収され、トルコは何度も苦杯をなめます。その勢いはすさまじく、一二四一年にはワールシュタットの戦いでポーランドとドイツ騎士団をタコ殴りにして、「ここから先はたいした戦利品がないや」とばかりに帰っていきます。それでも呑気なバチカンは、モンゴルを「対トルコ十字軍」に認定しようとして、使者を送ってきたりします。こんな力関係を無視した誇大妄想など、もちろんモンゴルは無視で終了です。

本書の主役であるルーシはというと、散々でした。一二三八年、モスクワが侵略され、一二四〇年にはキエフが壊滅させられます。そして、ノヴゴルド公国はモンゴルに降伏し、「タタールの軛《くびき》」が始まります。これは「モンゴル人に首輪をつけられた」という意味で、今風に言えば「パシリになった」でしょうか。

なお、一二七一年にモスクワ公国が誕生します。モンゴルの承認の下、ノヴゴルドから領地を分けてもらったので、初代モスクワ公のダニール・アレクサンドルビッチは分封公と呼ばれます。「のれん分け王」といったところでしょうか。

一三〇〇年代になると、ユーラシア全土に勢力を張ったモンゴル帝国は分立していき、徐々に力が弱まります。それでもまだタタールの軛は強く、ルーシの「パシリ人生」は続きます。一三二八年、今のカザフスタンあたりを支配していたキプチャク汗国に対する暴動をモスクワ大公イヴァン一世が鎮圧し、ほかの諸公に対する長上権を得ます。

そのキプチャク汗国が衰えたと見るや、新興のチムール帝国にご主人様を乗り換えました。それで怒りを買って、何度もモスクワを攻撃され荒らされます。ルーシの皆さんにとってモンゴル人は、怒らせるとモスクワを荒らし回るという凶暴なご主人様なのでした。

変化が表れるのは、モスクワ大公イヴァン三世のときです。イヴァン三世は滅亡した東ローマ帝国の皇女を嫁に迎えます。「全ルーシの主」という地位を得、また、双頭の鷲の紋章も引き継ぎました。これにより、東ローマ帝国の正統後継者の地位を得たことになります。

確かな史料も少ない時代のことなので駆け足で見ましたが、要するに「モンゴルの手下」にされたけれど根性でなんとか生き延びて、どさくさに紛れて東ローマ帝国の正統後継者になりおおせた、ということです。

東ローマ帝国とロシアに共通することは、権威と権力の分離がない専制体制であったということです。

西方世界が宗教的権威の教皇と世俗権力を持つ皇帝に分離しているのに対して、東ローマ帝国では皇帝が世俗の権力を持つ宗教的権威でした。東ローマ皇帝はコンスタンティノポリス総主教に優越する東方正教（オーソドックス）の長です。東方正教とは、カトリック（旧教）や、のちに現れるプロテスタント（新教）とともに、キリスト教三大宗派と呼ばれます。ギリシャ正教、ロシア正教、ブルガリア正教、セルビア正教……と、国ごとに教会が分かれていますが仲間です。

モンゴルの影響は、本節で少し述べましたが、まあむちゃくちゃやりました（笑）。

ソ連時代の学者は、「ロシアはモンゴルの影響を受けて専制体制になった」と言われると、「違う！　我々は『タタールの軛』以前からちゃんと専制政治を行っていた。モンゴルの影響など受けていない」と、よくわからない強弁を始めたそうです。その議論に勝って何がどう偉いのかよくわかりませんが、事実としては、間違いなくモンゴルの影響を受けています。

第三節　「モスクワ大公国」――まだまだアジアの田舎者

イヴァン三世という英雄が現れてようやく、二百年続いたタタールの軛から脱することになります。

一四七八年、モスクワはノヴゴルドを併合します。一四八〇年にはウグラ河畔でモンゴル軍と対峙し、モンゴル軍は戦わずして退却します。モスクワは、晴れてタタールの軛から解放されたのです。ここまでの苦難の道、今川に併合されて手伝い戦で常に先陣を切らされた松平三河武士団や、大国の顔色を窺いつつ隙を見て出し抜いた毛利家を髣髴させるものがあります。

一五〇二年には、キプチャク汗国を攻め滅ぼしてしまいました。

イヴァン三世の生涯を一言で表せば、「周辺諸国を片っ端から併合」です。そして、イヴァン三世はツァーを名乗ります。ツァーは通常、皇帝と訳されます。自他ともに認める東ローマ皇帝の後継者になったということです。次のヴァシーリー三世も軍事・外交・内政に優れた名君でした。モスクワの勢力を拡大します。

しかし、なんといっても有名なのが、ヴァシーリー三世を継いだイヴァン四世です。「雷帝」の名で知られ、暴君ぞろいのロシアの中に放り込んでも、とくに苛斂誅求秋霜烈日な性格をしていたので、こう呼ばれます。有名なのが、皇帝直属秘密警察オプリチニキを創設したことです。富裕な大貴族を次から次へと暗殺し、その所領を奪っていくという恐怖政治の主体です。この皇帝の神経が図太いのは、自らが大虐殺を行ったノヴゴルドへ新婚旅行に出かけたことでしょうか。ちなみに雷帝は、八回結婚しています。「そういう趣味の人だった」としか言いようがありません。ついでに言うと、幼いころからクレムリン宮殿の塔の上から犬や猫を生きたまま落として、喜んでいたという異常性格者でした。

僉

雷帝は、わずか三歳で即位したために、ロシア宮廷では内紛が絶えませんでしたが、一五四七年、十七歳のときに「全ルーシのツァーリ」を名乗りました。貴族たちの派閥抗争の結果、バランスを取るには皇帝を押し立てるしかなかったからです。

内政においては反抗的な貴族の勢力を削ぐべく、さまざまな改革に着手します。法典編纂や官僚組織の整備などは皇帝中央集権を目論むものです。貴族にも兵役を課し、常備軍を編制しました。外政においては、このころには落ちぶれていたモンゴル諸国に喧嘩を売っては併合していきます。東方では順調に領土拡大を進めます。西方のスウェーデンやポーランドとの戦争こそうまくいきませんでしたが、ヨーロッパでチマチマ戦っているうちに、無人の荒野を行くがごとく東方に拡大する、というロシアの領土拡大の原型ができあがっていきます。ヨーロッパ人からしたら自分たちが主正面だと思うものですが、ロシアからすれば「そこは負けなければよいので、ほかで勝つ」という感覚です。

今のカザフスタンに当たるカザン汗国、アゼルバイジャンあたりに根を張っていたアストラ汗国がモスクワに併合されたのも、このころです。雷帝のときに、中央アジアのカスピ海まで勢力を伸ばしました。

しかし、新興大帝国のオスマン・トルコがこの地方に食指を伸ばし、露土戦争が勃発します。軍事的には不利でしたが、なんとか防衛には成功しています。最晩年の一五八四年にはウラル山脈を越えてモンゴルを討ちました。領土の広さだけなら、モスクワは大帝国でしたが、とはいえ、国力の質が優れたオスマン・トルコ帝国にはまだまだかないません。

　当時のオスマンは、一五二九年の第一次ウィーン包囲作戦で神聖ローマ帝国以下のヨーロッパ連合軍を恐怖のどん底に叩き落としています。一五三八年プレヴェザの海戦ではヨーロッパ連合軍を鎧袖一触しました。一五七一年、レパントの海戦でヨーロッパ連合軍がまぐれのような勝ち方をしたのを、西洋のみならず日本の教科書までが特筆大書しているため、さもヨーロッパのほうが先進地域であったかのような錯覚を抱かされますが、実際は違います。当時のトルコは、ヨーロッパ全部（ただし、フランスだけはひねくれ者なので交ざらない）が束になってかかっても、やっとのことで引き分けという超大国です。そのヨーロッパに、モスクワは「アジアの田舎者」扱いされていました。

　しかし、何を言われようが、モスクワ大公国は着実に領土を広げ、実力をつけていったのです。

第二章　ロシア帝国の誕生

主な登場人物

グスタフ・アドルフ（一五九四年〜一六三二年）　スウェーデン国王。三十年戦争の名将。三兵戦術と「スウェーデンビール」を発明した。

クリスチーナ女王（一六二六年〜一六八九年）　グスタフ・アドルフの娘。難しく言えば、近代主義者。当時の評価は、「不思議ちゃん」。

ピョートル大帝（一六七二年〜一七二五年）　ロシア帝国初代皇帝。ロシア（モスクワ）をヨーロッパの大国に押し上げる。迷惑なヤツだ。

康熙帝（一六五四年〜一七二二年）　清朝第四代皇帝。あの大陸の歴史全体を通じて最高の名君ではないかと噂される。働き者。

カール十二世（一六八二年〜一七一八年）　スウェーデン国王。ピョートル大帝の大軍を何度も打ち負かすが、最後は力尽きる。左の人のモデルらしい。

ラインハルト・フォン・ローエングラム（宇宙暦七七六年〜八〇一年）　新銀河帝国皇帝（架空の人物）。十歳で「宇宙を手に入れる」という志を抱き、二十三歳で実現する。この人物を、わざわざ紹介せよと指定した担当のセンスが大好きだ。

第一節「ウィーン包囲作戦」——野蛮人がヨーロッパの仲間入り

イヴァン四世のあと、モスクワでは在位年数の短いしょぼい王様が続きます。このころのモスクワ帝国は、ボチボチ生きていました。ポーランドにモスクワを焼かれたり、スウェーデンにノヴゴルドを占領されたりと細かいことはあるのですが、あまりおもしろくないので飛ばします。日本で、東京が焼き打ちにされたり、大阪が外国に占領されたりすれば大事件ですが、ユーラシア大陸で一々そんなことを気にしていたら生きていけません。ピョートル大帝が出てくるまで我慢してください。

相変わらずヨーロッパには負けながら、東のシベリアには進出して領土を増やしていくのがモスクワ帝国です。

むしろ、ロシアを理解するには同時代（イヴァン四世崩御の一五八四年からピョートル大帝即位の一六八二年）のヨーロッパを理解する必要があります。

一五八四年といえば、日本では豊臣秀吉の天下統一が眼前に迫っていたころですが、ヨーロッパでは絶対主義王権と抵抗勢力の抗争が続いていました。

アフリカやアメリカ大陸に飛び出していったポルトガルやスペイン、さらにその地位を奪おうとするオランダやイングランド。彼らは地球の裏側の日本にまでやってきます。

王権に対する抵抗勢力は、バチカン以下のカトリック教会、神聖ローマ皇帝、貴族、プロテスタントの教団です。彼らはくっついたり離れたりを繰り返しながら、最後は一六一八年からヨーロッパ全土を巻き込んだ三十年戦争を始めます。

三十年戦争は「最後の宗教戦争」といわれるだけあって、凄惨を極めました。敵領地の農民に人糞を食わせて殺すという「スウェーデンビール」なる行為が平気で行われた野蛮な戦争です。なんのためにそこまでするのか日本人には理解しがたいのですが。

カトリック陣営はバチカン・神聖ローマ帝国（オーストリア・ハプスブルク家）・スペイン、プロテスタント陣営はオランダ・スウェーデン・デンマーク・イングランドに分かれて戦いました。敬虔なカトリック国のポーランドは、独自にスウェーデンと戦争をしています。戦争そのものはカトリック国のフランスがプロテスタント陣営についたことで、決着がつきました。以後、ヨーロッパは、相手を皆殺しにするまで終わらない宗教戦争と決別し、王様たちが外交や戦争をゲームのように行う時代になります。

さて、モスクワ帝国を荒らし回ったポーランドやスウェーデンは、当時のヨーロッパの大国でした。この両国は、北欧と東欧の覇権をめぐるライバルでした。モスクワはそれらに一歩劣る存在ですが、それでも「モスクワを敵に回すと危ない」くらいの存在感はありました。領土は広いのですが、それは無人の荒野に等しいシベリアに向けて拡張しているだけで、軍事強国だったポーランドやスウェーデンには劣ったのです。

当時のスウェーデン王グスタフ・アドルフは、今なお世界の軍事史で特筆大書される名将です。神聖ローマ帝国の傭兵隊長・ヴァレンシュタインとの名勝負は世界中の軍人の常識です。グスタフ・アドルフは、歩兵・騎兵・砲兵の「三兵戦術」を巧みに駆使し、ヨーロッパ随一の名将として鳴らしました。対するポーランドも、勇猛果敢で知られた騎士の国です。両国は三十年戦争の真っ最中の一六二一年～一六二九年に大戦争を起こしますが、決定的な決着はつかずに終了します。和議を得たグスタフ・アドルフは三十年戦争に本格介入し、プロテスタント陣営は勝利します。グスタフ・アドルフ本人は戦死してしまいますが、スウェーデンはヨーロッパでもっとも発言力のある大国になります。

そして、三十年戦争の和議を話し合うウェストファリア会議で、グスタフ・アドルフを継いだクリスチーナ女王が、人類の歴史に残る大発言をします。

「自分と違うことを考えている人間だって、殺さなくていいじゃない」

まあ、原文ママでこんなことを言ったわけではないのですが、大まかにまとめるとこんな感じの主張を繰り返し、「キリスト教世界の調和」を強調しました。

当時のヨーロッパは、「異端の罪は異教の罪より重い」などと言いながら、同じキリスト教どうしで殺し合いを続けていました。魔女狩りを見ればわかるとおり、「心の中で違うことを考えているかもしれない」というのは、「殺さなければならない」理由になりました。「人は殺してはいけない」という現代日本人にとってはついていけない考え方ですが、当時のヨーロッパがそうだったのだから仕方ありません。

ちなみに、モスクワなど東方正教はどうかというと、この人たちは「儀式の格好よさ」を何よりも優先するので、意外なことに宗教戦争とは無縁です。

クリスチーナから見れば、東方正教でめぼしい国はモスクワのほかにはバルカン半島の国々ですが、この時期のバルカンは丸ごとオスマン・トルコ帝国の支配下です。イスラム教のトルコはもちろん、「アジア人扱い」のモスクワも、「キリスト教世界の調和」には含まれていなかったのです。

北方の雄として勢力を伸ばすスウェーデンに比し、ポーランドは内紛を諸外国につけ込まれ、小国に転落していきます。「大洪水時代」と言われる受難の時代です。ただ、十七世紀のうちは、まだまだ大国の地位を確保しています。モスクワは、スウェーデンとポーランドの抗争で、常に都合がいいほうにつく、という対応を徹底しました。

モスクワにとって、大事件は一六八三年のウィーン包囲作戦です。一五二九年の事件と区別するため、第二次ウィーン包囲作戦と呼ばれます。

神聖ローマ帝国領のハンガリーで反乱が起こり、叛徒たちは異教徒のトルコに援助を要請しました。オスマン帝国は十五万の大軍を率いて、帝都ウィーンに向けて進撃します。これにフランス以外のヨーロッパ諸国は、イスラム教徒に対するヨーロッパ・キリスト教徒の「神聖同盟」を組んで対抗しようとします。その数、約八万。「強大なオスマン帝国」に比して、「全ヨーロッパ連合軍」はこの程度です。ちなみにこれは関ヶ原の戦いと同規模なのですが、百年前の豊臣秀吉の小田原征伐でも二十万人、対抗して立てこもった北条氏も六万人ですから、日本の大大名は欧州の主権国家並みの動員力を持っていたということになります。当時の日本がいかにすごいかわかります。

閑話休題。このとき、ポーランドが「モスクワ君も入れてあげよう！」と言いだしたので、ようやくヨーロッパの仲間入りができました。一六八六年、ポーランドと「永久平和条約」を結び、神聖同盟に加盟します。晴れてヨーロッパの国として認められた瞬間でした（それにどういった価値があるかはさておき）。ちなみに、ロシアの法則がわかっていれば「永久平和」がどういう意味か簡単におわかりになるでしょう。「自分に都合がいい間だけ続ける」という意味です。

ちなみにフランスがヨーロッパ連合軍に参加していないのは、神聖ローマ帝国の皇帝の座を占めるハプスブルク家が憎くて、敵の敵は味方だとばかりに、トルコに媚び諂《へつら》っていたからでした。

この戦争は、神聖同盟の完全勝利に終わりました。一六九九年カルロビッツ条約でオスマン・トルコはハンガリーを神聖ローマ帝国に割譲します。トルコがヨーロッパに負けた最初でした。

ここでロシアの法則発動です。弱いヤツはつぶす！

一部の資源地帯を除けば氷の塊にすぎない不毛の地シベリアと違い、文明の最先端地域を押さえるオスマン・トルコ領は魅力的です。

日本人は「ギリシャ以来、文明の最先端地域はヨーロッパ」と思い込んでいますが、間違っています。なぜ四大文明にヨーロッパが入っていないのか？　そんなところから説き起こす紙幅はありませんが、本書で既述したように、ヨーロッパ全部が束になってかかってやっとオスマン帝国一国と引き分けた、と覚えておいてください。科学技術だって、イスラム世界のほうが先端です。

そのトルコが弱みを見せた！

このあと、モスクワはロシアになってからを含め、十数度に及ぶ露土戦争を行い、国力を伸ばし大国化していきます。ヨーロッパからは「野蛮なアジア人」として扱われながら、力を身につけるまでは耐えに耐え、好機をつかんだら一気呵成にことを起こす。見上げた根性と言うべきでしょう。

第二節　「ピョートル大帝」——南へ東へ領土拡大を目論む

一六八二年、「大帝」と呼ばれることになるピョートル一世が即位します。

昔、宇野某という「ユダヤの陰謀論」でぼろ儲けしたトンデモ評論家がいたのですが、彼曰く、「ピョートル大帝は、日本でいえば織田信長と豊臣秀吉と徳川家康を足したようなすごい人物」とのことですが、さすがにそれは言いすぎでしょう。「大成功した松永久秀」くらいがいいところだと思います。件の某氏は、進取の気性はノブさま、平民の中にでも平気で飛び込んでいける心性はサル、確固とした国づくりを成し遂げたところをタヌキになぞらえたのでしょうが、最初の二つは禿げ頭の上に爆弾入りのお茶碗をのせて自爆したおじさんですら持っていた素質ですから、「大成功した松永久秀」くらいの表現で十分です。松永久秀が悪ければ、北条早雲でも構いません。

子供のころ、「世の中っていったいどうなっているんだろう?」と手に取った本が宇野某のユダヤ陰謀説だったので、ますます社会の仕組みがわからなくなりました。また、「そうか、織田信長と豊臣秀吉と徳川家康を足したようなすごい人物がいたのか、ノブサマたちも小物なのかあ」と、日本の小国ぶりを嘆息しつつ、「ロシアはすごい」と思ったものです。今ではこんな本を書く著者ですらも、知らず知らずのうちに小国コンプレックスを植え付けられていたというわけです。

ついでに言うと、宇野某は「世界は政治も経済もすべてユダヤの陰謀によって動いている！　その黒幕はロックフェラーだ！」と大バカなことを言っていましたが、ロックフェラーはＷＡＳＰです。ＷＡＳＰとは、White Anglo=Saxon Protestant の略ですから、アメリカ合衆国では最上級の特権階級です。二千年間、被差別階級だったユダヤ人とは違います。いまだに、「ユダヤの陰謀がぁ」「国際金融資本がぁ」「新自由主義がぁ」「グローバリズムがぁ」と陰謀論でものを語る人がいるのですが、その人たちに、「あなたのおっしゃるユダヤとは誰のことですか。まさかロックフェラーとか言いだしませんよね」と問い詰めると、涙目になられて困ったことが一度や二度ではありません。

最近は、「プーチンは、グローバル化というユダヤの陰謀と戦っているから偉い」という意味不明な言説がはやっていますから困りものです。ロックフェラーはWASP、ロスチャイルドはユダヤ人の中で例外中の例外、くらいの区別はつけましょう。

そんなことより、ピョートル大帝です。この人物こそ、初代ロシア皇帝です。嘘だと思うなら、本書を最初から読み返してください。これまでは「モスクワ」と呼んできました。ピョートルのときに「モスクワ帝国」から「ロシア帝国」に成長するのです。アジアにおいてもヨーロッパにおいても、名実ともに大国となるのはピョートル大帝のときです。

この人物は英才として誉れ高いのですが、忍耐強い性格でもありました。即位直後は政権基盤が弱く、派閥抗争のバランスをとるためにイヴァン五世という皇帝と並立していました。戴冠式も共同で行うほどです。共同統治は、一六九六年のイヴァン五世の崩御まで続きます。ピョートル一世は、時が来るのをじっと待つことができる性格でもあったのです。病弱だけど勤勉な異母兄が死ぬのを十四年待ち続けたのでした。

ピョートルの施政を、まずアジアから見ましょう。前節で、ヨーロッパでは三十年戦争という大戦争が行われ、モスクワもスウェーデンやポーランドのような大国に蹂躙されていた話をしましたが、東方への進出を続けていたのがモスクワの皆さんです。「弱いヤツは数に数えない」がロシアの法則です。十七世紀前半にはベーリング海に達しました。

その原動力がコサックです。彼らはよく訓練された銃兵集団で、シベリアの村レベルの弱小民族なら楽勝、勇猛果敢な満洲人が建てた清朝の軍隊ともいい勝負をしています。

一六八三年、まさに第二次ウィーン包囲作戦が行われたこの年、モスクワから放たれたコサックが、アムール河で清国の軍隊と交戦しています。清朝父祖の地、満洲に迫ったのです。以後、戦いは一進一退で、お互いに要塞にこもってはスキを見て攻撃し、また立てこもりを繰り返すので、決着がつきません。本国のそばでいくらでも動員できる清朝の軍隊に敗れて大量に捕虜になったり、砦を壊されたりもするのですが、コサックは大健闘していると言えるでしょう。そのままシベリア一帯に居座ってしまいます。

この状況に清朝はどうしたか。時の皇帝は第四代康熙帝。超名君と評判の皇帝です。有利な条件を押し付けられるうちに条約を結びました。これが一六八九年ネルチンスク条約です。康熙帝はこの条約でコサックが満洲を窺わないようにさせました。コサックの側も、これ以上粘って、ほとんど無限の回復力を持つ相手との戦いを続けるわけにはいきません。

コサックは南下をあきらめ、東へ向かいました。そして一六九六年、カムチャツカ半島に到達します。よく「カムチャッカ」と誤記されますが、「カムチャツカ」が正しいのだそうです。

一六九七年、ピョートル一世は、西欧旅行に出かけます。確かに、このあたり、駆け出し大名だった織田信長が少人数の供回りで京都に出かけた様子にも見えますし、皇帝自らが団長の岩倉使節団とも言えます。とはいうものの、偽名を使って一使節団員に成りすましていたのですから、ロシア版「長州ファイブ」と言ったほうがいいかもしれません。

ピョートル一世は知識欲旺盛な人物で、ロシアに進んだ科学技術をもたらすべく西欧に出かけたのでした。実地で船大工や歯科医の技術を学んだりしています。この時代の歯医者さんなどいい加減で、麻酔の代わりに布をかませて意識が飛んだところで一気に抜歯！みたいなことをやっていたのですが、帰国後は廷臣たちがピョートル先生の被害に遭っていました。おちゃめな話です。

この時代の戦争は、国家元首（つまり皇帝とか王様）が宣戦布告をしてしまえば、あとは出先の将軍が勝手に戦って、勝手に講和条約を結んできます。探検と同じようなもので、政治家は送り出したきり待つだけで、やることがありません。そこでピョートル君は自ら「大尉」として戦場に出て、武器を振るい、部下を指揮し、上官の命令を遵守する軍人になったのでした。「上司」の軍人は、相手が皇帝ですからやりにくかったでしょう。よく「一兵卒となって戦います」というセリフを聞きますが、「士官として戦います」は、ピョートル一世が本当にやったことでした。彼が勇敢だったというより、多分に彼の個人的趣味だったのでしょう。

さて、ピョートル一世の前に、北方の雄、バルト帝国の主がライバルとして立ちふさがります。

カール十二世です。

第三節 「大北方戦争」――モスクワがロシアになった日

ピョートルのライバルは、ラインハルト・フォン・ローエングラムです。「また倉山がアニメネタに走ったか」と思われた方もいるかもしれませんが、本当の話です。

田中芳樹の名作小説『銀河英雄伝説』全十巻は「銀河のチェスゲーム」のごとく、宇宙統一の野心を抱く常勝の若き皇帝ラインハルト・フォン・ローエングラムに対し、民主政体を守るために不敗の名将ヤン・ウェンリーが戦いを繰り広げるという、架空の大歴史書です。「シスコンで中二病のアンちゃんが銀河を統一する話」とか言ってはいけません。

十歳のときに姉を後宮に奪われたことがきっかけでラインハルトが軍人として生きる志を立て、銀河帝国を簒奪し、宇宙を統一するという話です。

ヤンのモデルは著者が否定しようが、誰がどう見ても諸葛孔明です。その敵役（主役なのに）のラインハルトのモデルが、カール十二世です。作中でも「北方の流星王」と呼ばれた王になぞらえられていますから、間違いありません。出典は、いまさら本編百十話を見直すのは大変なので、誰か確認しておいてください。

ラインハルトは、アレクサンダー大王、シーザー、ナポレオンとともにカール十二世のいいところを組み合わせたキャラクターです。実際、カール十二世は「北方のアレクサンダー大王」と評されましたし、その悲劇的な最期はある種の伝説となり、ナポレオンは「私はカール十二世になりたくない」と口走ったとも言われます。

ピョートル一世は、この同時代の超人的人物との戦いに勝つことにより、モスクワを大ロシア帝国へと昇華させていくのです。

カール十二世は、四歳のときからあらゆる分野の家庭教師の英才教育を受け、十一歳のときには熊を射殺できるほど肉体の鍛錬をこなした幼少時代を過ごしました。父カール十一世の崩御により、十五歳で親政を始めます。摂政をはじめ側近たちが無能だったので、カールが親政したほうがよい、ということですが、聡明かつ剛毅な少年に育ちました。

彼の人生は、一七〇〇年から始まった大北方戦争に尽きます。

ポーランド、デンマーク、ザクセン（当時はドイツという国はありません）、そしてモスクワの諸国がスウェーデンのご当主様が若いのをいいことに外交的挑発を繰り返すのですが、カール十二世は受けて立ちます。そして、周辺諸国との戦いに勝って勝ちまくります。戦場では自らが先頭に立って部下を鼓舞し、突撃で敵の陣形を切り崩して突破するのを得意技としました。これで天寿を全うできれば「ヨーロッパの上杉謙信」として歴史に名を残したでしょうが、そうは問屋がおろしません。

カール十二世のときにスウェーデンは最大版図を達成するのですが、彼は戦争のやめ時を知りませんでした。何か戦いに飢えているかのように戦い続け、そして周辺諸国の逆襲によって敗北し、遂に国を追われます。その死は、戦争を嫌ったスウェーデン貴族たちによる暗殺だったとも言われます。スウェーデンは大国の地位から滑り落ちました。

その代で最大版図を達成しながら戦争のやめ際を誤ったばかりに大国の地位を失った国――どこか大日本帝国に似ていないでしょうか。日本は東條英機首相のときに最大版図を達成し、戦いのやめ際を誤ったがために、身を滅ぼしてしまいました。

そして対スウェーデン戦争でも、対日戦争でも、モスクワという名前だろうが、ソ連という名前だろうが、彼らのやっていることは同じです。強いほうにつく！

戦争の強さなら、ピョートル一世はカール十二世と雲泥の差です。しかし、ピョートル一世には政治センスと外交能力がありました。戦争の強さは、付随的なものです。

一七二一年、ニシュタット条約で大北方戦争は終結します。モスクワはバルト海の制海権を確保し、ヨーロッパの大国に上り詰めます。

ピョートル一世はこの大勝利を記念して、国号を「ロシア帝国」と改めました。「最後に生き残る者は一番強い者ではなく、一番強い者に勝った者だ」を地でいく人生と言えましょう。

生涯独身で悲劇の天才だったカール十二世に感情移入したいところですが、明らかに反面教師です。

日本人が真に学ぶべきはピョートル大帝だと思います。

第三章　アジアに優越する欧州五大国

主な登場人物

フリードリッヒ大王（一七一二年～一七八六年）　プロイセン国王。戦争に強かったので大王と呼ばれる。若いころは軟弱な詩を書いていた。

ピョートル三世（一七二八年～一七六二年）　ロシア皇帝。おもちゃの戦争ごっこは好きだったが、本物の戦争では泣きたくなるほどヘタレ。

エカテリーナ二世（一七二九年～一七九六年）　ロシア皇帝。大帝とも。淫乱なドイツ女。一滴もロシア人の血を引いていないのに皇帝に即位した。

ウィリアム・ピット（大ピット）（一七〇八年～一七七八年）　イギリス国務相（首相）。七年戦争を勝利に導いた、史上最強の宰相。強すぎる。

徳川吉宗（一六八四年～一七五一年）　江戸幕府八代将軍。ロシアの脅威を感じ、西洋研究の必要性を痛感する。

田沼意次（一七一九年～一七八八年）　江戸幕府の老中。日本史最大の賄賂政治家とされてきたが、真相は？

ジョージ・ワシントン（一七三二年～一七九九年）　アメリカ初代大統領。ということになっているが、真相は『嘘だらけの日米近現代史』を読もう。

スタニスワフ・ポニャトフスキー（一七三二年～一七九八年）　ポーランド国王。淫乱な性悪年上女の褥が何よりも好きだった、亡国の君主。

第一節 「継承戦争」――殺し合いが続く欧州大陸

ピョートル一世は大北方戦争の勝利により、「インペラートル」の称号を採ります。ローマ帝国の「皇帝」の意味です。元老院からは「大帝」の称号を贈られます。大国に勝利したから大国になる。国際政治の掟を実行しました。

一七二二年からはサファヴィー朝ペルシャ帝国に戦争を仕掛け、勝利しています。

ヨーロッパの国々がアジアに優越していく十八世紀の始まりです。

ヨーロッパが東になってもオスマン・トルコ帝国にかなわなかった話は、すでに何度かしました。アジア・ヨーロッパ・アフリカの三大陸にまたがるこの大帝国は、現在の国の数にすると四十か国にも及びます。ロシアは幾度となく露土戦争で抗争を繰り広げることになります。

トルコの東に隣接するペルシャ帝国は、「世界の半分を支配する国」と呼ばれました。今のイランがヨーロッパに対して居丈高なのは、歴史的には自分たちのほうが先進地域であった時代が長いというプライドがあるからです。

ペルシャの東にはムガール帝国があります。インドは独自の文明を発展させてきましたが、十六世紀以来徐々に、ポルトガル・スペイン・オランダ・フランス、そしてイギリスとヨーロッパ海洋諸国の草刈り場にされていきます。ただ、「強いヤツは相手にせずに、弱いヤツを食い散らかす」のがロシアです。海洋諸国がインドに目をつけたときに、ロシアは陸路、東へと向かうことになります。

そしてユーラシア大陸の東端では清朝とぶつかり、ネルチンスク条約で妥協したあとはカムチャツカに向かいました。

十八世紀は、ヨーロッパの大国がアジアの四大帝国に優越していく時代です。その主役は、ロシアとイギリスです。ロシアは、スウェーデンよりもはるかに強力な、かつてのモンゴルや今のアメリカをも凌ぐ人類史上最強最大のイギリス帝国と対峙していくことになります。

十八世紀前半、ヨーロッパはまだ世界のローカル地域でした。一七〇〇年から一七二一年、東欧でスウェーデン対モスクワ（ロシア）・ポーランド・デンマーク・ザクセンの大北方戦争が行われているとき、西欧では、一七〇一年から一七一四年までフランス対オーストリア・オランダ・イングランド・プロイセン・ポルトガルのスペイン継承戦争が戦われていました。

ご覧のとおり、ヨーロッパの主な国々はすべて戦争に参加しています。この中で、オーストリアとフランスが大国として生き残り、イングランド、ロシア、プロイセンが新興大国として伸長していきます。なお、この戦争中にイングランドはスコットランドを併合してブリテン島を統一します（以後、イギリスと呼びます）。

残りの国々は没落することになるのですが、「日の沈まない国」と言われたスペインに至っては、フランスと同じブルボン家の国になってしまいました。スペイン継承戦争とは、それまでハプスブルク家が継承していたスペイン王家を、直系皇嗣が絶えたのを機にフランス・ブルボン家が占めようとしたので、それをさせまいとした西欧諸国が干渉したという戦争です。まさに「盛者必衰の理をあらわす」です。

大北方戦争とスペイン継承戦争は同時期に行われたまったく別の戦争ですが、外交的には関係しています。真ん中にいるオーストリアは、ただでさえ戦争に弱いので、二正面作戦などやりたくありません。だから、「東のほうでこうなっているから、西のほうに介入しても大丈夫だろう」という判断が働いてスペイン継承戦争に介入する、ということになります。逆に西端にいるイギリスやフランスは、自分に火の粉が飛んでくることはありませんから、外交的に口先介入をしたりします。イギリスは最後までスウェーデン王カール十二世への〝モラルサポート〟を惜しみませんでしたが、「国運を賭して戦争に介入！」などは絶対にしませんでした。直接助けにこられない国の支援など、こんなものです。

ではロシアはというと、西欧の国々はロシアにとって手ごわい相手ですから、下手な介入はしません。

さて、英雄ピョートル大帝は一七二五年に崩御します。このあとは、在位の短い皇帝が続きますが、対外的にやることは一緒です。

一七三三年から一七三五年にはポーランド継承戦争に介入しました。ポーランドの王位継承をめぐり、露墺普対仏の構図で代理戦争を行い、傀儡政権を樹立します。露墺普の三国がポーランドを囲んでいるのに対し、いくらヨーロッパ最強の陸軍を擁するフランスでも地の利がありません。外交交渉でフランスのメンツを立てて、お引き取り願いました。

ロシアの法則で忘れられがちなのは、「外交で生き残る」ことです。ロシアは意外と戦争には強くなく、大北方戦争ではピョートル大帝は数倍もの大軍でカール十二世に幾度も打ち破られています。また、介入してきたトルコに黒海のアゾフを奪われているのですが、墺土戦争でオーストリアについて参戦し、アゾフを奪還したうえで黒海の制海権を確保します。ロシアは常に勝つほうにつくのです。

一七四〇年から一七四八年にはハプスブルク家の皇位継承をめぐり、オーストリア継承戦争が勃発します。二十三歳で国を継いだマリア・テレジアに対し、宿敵のフランスやプロイセンが情け容赦なく襲いかかってきました。オーストリアは、戦争の天才といわれたプロイセンのフリードリッヒ大王に対し善戦し、大工業地帯のシュレジェンこそ奪われたものの、草刈り場になることは回避しました。

ロシアはこの戦争の最終局面で介入し、火事場泥棒を試みましたが、フランスやプロイセンがさっさとアーヘン和約を結んだために失敗しました。

しかし、戦争が終わったわけではありません。マリア・テレジアはシュレジェン奪還に燃えます。彼女は、同盟国でありながらプロイセンに好意的で、自分に冷たかったイギリスとの決別を決意します。そして、三百年の宿敵であったフランスと手を組みます。「外交革命」です。これにロシアのエリザヴェータ女帝も加わりました。フランスでは「外交革命」を国王ルイ十五世の愛妾であるポンパドール夫人が主導したので、「貴婦人たちの同盟」とも言われます。

第二節 「七年戦争」――大戦で覇権を握ったイギリス

一七五六年、露仏墺の三国同盟はプロイセンに対し宣戦布告をしました。七年戦争の始まりです。

ロシアが西欧の戦争に本格的に参加した最初になります。この戦争でプロイセンの首都ベルリンは二度も陥落し、一時フリードリッヒ大王は自決を決意するほど追いつめられましたが、不屈の闘志で挽回しました。

これに弱気の虫を出して崩れた国が、ロシアです。

戦争末期の一七六二年一月、崩御したエリザヴェータを継いだピョートル三世は、大帝の名を冠した人物とは思えないドヘタレでした。世界史を見渡してもここまでのヘタレは、朝倉義景か加藤紘一くらいしか見当たりません。

ピョートル三世はなんと、「僕はフリードリッヒ大王に憧れているんだ！」と、いきなり単独和議を結んでしまいます。それで昨日まで同盟国だったオーストリアに攻め込むのですから、兵士たちも大混乱です。三世は「戦争ごっこ」マニアで、おもちゃの兵隊で遊ぶのが大好きだったそうです。子供がお人形を持って「ブーン、ブーン」とやる、アレです。その感覚で国家経営をされたらたまったものではありません。

七月、妻のエカテリーナにクーデターを起こされます。愛人とともに閉じ込められて命乞いする様子は、今でもロシア史の語り草です。このエカテリーナは男好きで有名ですが、愛人の子供を妊娠したときには体中にサラシを巻いて太ってきたことをひた隠しにし、産気づいたときには首都サンクトペテルブルクに火を放ち、夫が火事見物に行っている間に出産を済ませてしまったという女傑です。

このエカテリーナは、北ドイツ地方（まだ国ではない）の貴族の娘に生まれ、ロシア人の血は一滴も入っていません（ヨーロッパの貴族は皆、遠縁の親戚なので、「一滴も」は言いすぎかもしれませんが）。外国人参政権どころか、「外国人国家元首」です。こればかりは、日本人が絶対にマネてはいけません。

そんな男好きのエカテリーナ二世が、ピョートル一世とともにただ二人、「大帝」と呼ばれることになるのですから、世の中わからないものです。

七年戦争はプロイセンを財政で支援するイギリスと、露仏墺が戦った最初の「世界大戦」ですが、五行詩で表せます。

わけもわからず、戦争の渦中にいるオーストリア
わけもわからず、周りじゅう敵だらけのプロイセン
わけもわからず、力任せのフランス
わけもわからず、狡賢いロシア
そのすべてに、血の雨を降らせるイギリス

簡単に解説しましょう。オーストリア（神聖ローマ帝国）は、本章だけで何回も戦争の主体になっていますが、これはヨーロッパのど真ん中に位置するから仕方ありません。

プロイセンは、のちにドイツとなってもあまり変わりません。二十世紀の二つの世界大戦でも世界中を敵に回しています。

フランスは外交上手なイメージがあるのですが、女性を口説く労力を外交に回せば、単なる上手ではなく名人になったことでしょう。強いときと弱いときの差がありすぎるのがこの国の軍隊なのですが、けっこう力任せです。

本書でしつこく強調していますが、ロシアは意外と軍隊が弱く、外交で生き残ってきた国です。軍事に関していえば、「一人頭戦闘力で弱いならば、敵の数倍、数十倍の戦力で圧倒する」のが基本です。大北方戦争ではカール十二世に何度負けても、前回よりも多い兵力で挑み続け、ついには倒しました。七年戦争では、プロイセンのフリードリッヒ大王に戦史に残る戦勝を何度も提供しながら、「対プロイセン大同盟についている限り負け組にはならない」という判断で踏みとどまっていました。

実際、戦争の天才といわれる大王を何度も追い詰めたのです。そのギリギリの瞬間に、ピョートル三世が突如として戦線を離脱して昨日までの味方に銃を向けたのですから、戦局は大きく変わるに決まっています。宮廷の良識派は、あわててクーデターを起こして皇帝を廃位しましたが、後の祭りです。国境の外で戦っていたので負けてはいないという判断もできますが、プロイセンに復活の機会を与え、より強大な大英帝国をつくりだしてしまったという点も考慮すべきです。戦争、つまり外交の勝敗は、「この部分では勝ったが、ここでは負けている」ということが多いのです。

勝敗に関する議論は、戦勝国のイギリスでも起きました。貴族院では「我々は世界を支配する権利があるはずだ！」などと演説する議員までいました。チャタム伯です。彼はウィリアム・ピットという平民でしたが、国務大臣（事実上の首相）として七年戦争を大勝に導いた功績で授爵していました。息子も同じ名前なので、大ピットと呼ばれます。

日本の子供番組だと「世界征服を企む悪の秘密組織ショッカー」みたいな言い回しが好まれ、大人になっても「〇〇は世界征服を企んでいる」といった類いの陰謀論が後を絶たないのですが、絶頂期のイギリス人をなめてはいけません。彼らは世界征服など企んでいません。「世界を支配している」と思っていました。あえて「企んでいた」時点はどこかといえば、七年戦争の講和条約である一七六三年パリ条約に対するチャタム伯の演説でしょうか。「我々には世界征服をする権利がある」みたいな発言を議事録に残していることからも、どれほどの勝ちっぷりだったのかわかります。ロシア人は、ソ連時代の共産主義ならいざ知らず、自分が生き残るためには少しでも領土を広げておこう、という「専守防衛」の意識が強いので、イギリス人のように非常識な本音を公言したりはしません。

さて、チャタムの発言を読み解くと、七年戦争で世界の歴史が変わったことがわかります。それまでのスペイン継承戦争やオーストリア継承戦争でイギリスは、海軍がアメリカやインドでフランスの植民地を叩きつぶし、その奪った権益を返すことで代償としてヨーロッパでの利権を拡大してきました。いわば、「陸主海従」「大陸《ヨーロッパ》重視」です。

それらの利権の中でもっとも大きかったのが、イベリア半島の南端、ジブラルタル要塞の確保です。これで、イギリスの敵国が地中海を出たければ、英国艦隊（ロイヤルネイビー）を倒さねばならないということになります。ロシアなど、そのはるか手前の黒海を出るのにフウフウ言っているのですから、海洋覇権国家になるなど夢のまた夢です。ロシアは今までどおり、大陸国家として生きていくことになります。

ところが、七年戦争で大ピットは、「海主陸従」「海洋重視」に大転換します。イギリスは、アメリカとインドにあるフランス植民地を完全強奪することを目論み、見事に成功します。ヨーロッパではプロイセンに莫大な軍資金と申し訳程度の陸軍を渡し、露仏墺と果てしない殺し合いをさせながら、自分は海外のおいしい植民地をすべてかっさらう。しかもプロイセンの孤独なフリードリッヒからは大感謝されています（日記で、そう書いています）。

大英帝国の覇権は確立しました。そして、英仏露墺普というヨーロッパの五大国が、そのまま世界の大国となっていきます。アジアの四大帝国のうち、名君で知られる乾隆帝が治める清国こそまだ野心の対象外ですが、すでにトルコ・ペルシャ・インドは英仏露の草刈り場と化しています。

第三節 「徳川吉宗と田沼意次」――なぜ日本は助かったのか？

そして、我が日本にも七年戦争は影響します。一七六二年、イギリスはマニラを攻略します。当時のマニラはフランスの同盟国であるスペインの植民地だったので、イギリスが攻め落としたのです。そもそも徳川幕府が宣言した「鎖国」の前提は、日本が武装中立できることです。南蛮船の入港を禁止した一六三九年は、ヨーロッパでは三十年戦争の真っ最中ですから、ポルトガルやスペインと断交し、オランダ寄りの中立を宣言したことになります。これにヨーロッパはどの国も異を唱えられませんでした。戦国時代そのものの軍隊と、世界最大の保有量を誇る鉄砲、そして熟練した弓兵を擁する日本に対し、地球の裏側から三年半もかけて侵略しにくる国などなかったからです。ただし、ここでものをいったのは実力で、台湾やフィリピンのような抵抗力がない国は次々と海洋国家に侵略されていきました。陸ではロシアもシベリアの先住民に対して同じことをしています。

すでにカムチャツカに到達していたロシアは、日本に対して野心を抱き、一七三六年にはサンクトペテルブルクに日本語学校を建てました。語学ができる人間を養成するということは、本格的な侵略を企んでいるということです（現代日本だけは、この限りではありませんが）。大黒屋光太夫という漂流者が謁見したのもエカテリーナ女帝です。

世界最大の陸軍国であるロシアが関心（国際政治用語で「interest」。「利益」の意味がある）を抱いているところに、世界最強の海洋国であるイギリスの脅威が現実に迫った。

もはや「鎖国」の前提は崩れさっていたのです。ではなぜその後、百年も「鎖国」が続いたのか。それは、日本はイギリスやロシアから遠く、彼らの「関心」がほかにあったからです。ただし、日本人もいたずらに百年も眠り続けたわけではありません。二人の人物を挙げておきます。徳川吉宗と田沼意次です。

徳川吉宗は江戸幕府八代将軍で、ドラマ『暴れん坊将軍』でおなじみですが、享保の改革という善政を行ったことで知られます。とくに、漢訳洋書輸入の禁緩和は、長い目で見れば日本を亡国から救ったといっても過言ではありません。

将軍就任五年目の享保五年（一七二〇年）、吉宗はキリスト教と関係のない洋書の輸入を解禁します。これにより、洋学が急速に発展します。

もともと江戸時代の日本は、英仏の識字率が六〇パーセントの時代に、ほとんど識字率百パーセントでした。しかも、我が国では「漢字が書けなければ文盲」なのに対し、英仏では「アルファベットが読み書きできれば文盲ではない」というのが基準です。日本では一般庶民でも、ひらがなカタカナに簡単な漢字くらいは誰でもできます。ちなみに、漂着したロシア人が現地の日本人に優しくされて親睦を深め、別れの段に日本の漁民が「記念に君の名前をここに書いてくれ」とロシア船の乗組員に頼むと、「なんでそんな無理難題を言うんだ？　嫌がらせじゃないか」と悲しませたという逸話が残っています。日本の漁民は自分の名前くらい書けるので悪気はないのですが、字が書けるのは「貴族でも一部」だったロシア人の一般庶民にこんなことを求めても……、という文化ギャップの話です。

こんな風に庶民の学力が高い国で、江戸の平和な時代は学問が盛んで、京都には日本中から向学心にあふれる人々が身分に関係なく集まっていました。そんな好奇心旺盛な日本人に、洋書輸入の禁緩和は新しい知識を呼び込みました。長崎にオランダ船が到着するたびに、遠い異国の知識を得ようと本の予約が殺到したほどです。

この禁緩和は、洋書輸入の禁の「緩和」と呼ばれますが、実態は解禁です。「キリスト教と関係あるものは禁止」といっても、西洋の本でキリスト教と関係のない本など探すほうが難しいくらいです。またたく間に日本中の知識人が、キリスト教とはどういう宗教なのかを理解してしまいました。

同時期、お隣の清国では乾隆帝が同じようなことをするのですが、後がまったく続かず、むしろ西洋の知識を得ようとする者は売国奴のごとく迫害されるようになっていきます。

日本では、吉宗の政策が引き継がれます。継いだのは、田沼意次です。田沼は江戸・明治・大正・昭和と二百年間、「日本史上最大の賄賂政治家」として糾弾されてきました。しかし、平成初頭になって大石慎三郎先生という歴史学者が現れて、誤解されていた偉大な政治家としての田沼意次の真実を明らかにしました。

そもそも「賄賂政治家」のイメージは、政敵だった松平定信が広めたプロパガンダであり、田沼が嫌われたのは「鎖国」と呼ばれる海禁政策をやめて自由貿易によって国を富ませ、西洋の最新の軍事技術を導入しなければならない、という主張を推し進めようとしたからです。「あいつは名門ではない」とか、「神君家康公が始めた鎖国を成り上がり者がやめるとは何事か」とか、「あいつは女にもてるから悔しい」とか、なんでもいいから難癖をつけて最後は引きずり下ろしたのです。

田沼は明確にロシアの脅威を意識しています。一七七一年にはオランダ商館が「ロシアの侵略」を警告していますし、一七七八年にはロシア船が蝦夷地（北海道）の松前藩に通商を要求しているのです。こうした情勢に対応するため、公儀隠密を蝦夷地に派遣します。工藤平助の『赤蝦夷風説考』などは今風に言えば、「公安調査庁報告書」といったところでしょうか。最上徳内が択捉島や得撫島を探検したのも田沼時代です。

七年戦争（フレンチ・インディアン戦争）の最中にイギリスがマニラを攻略したのが一七六二年、ちょうど吉宗が死去し、田沼が政権を握るまでの空白期間の話です。

田沼が一七八七年に失脚し、国策としての対露防衛はどこかに置き忘れられました。しかし、民間人の向学心は留まるところを知りません。幕末にペリーがやってきていきなり西洋のことを勉強し始めたのではなく、吉宗や田沼の時代から百年の蓄積があったからこそ対応できたのです。

確かに、二百年の泰平に慣れ、いつの間にか日本は軍事や経済でヨーロッパの国々に置いていかれました。しかし、文化力では決して負けていなかったのです。

第四節　「エカテリーナ二世」――大帝を継いだ女帝と愛人

さて、ヨーロッパの主正面、すなわち世界がどのように動いていたかに戻りましょう。

確かに七年戦争で大英帝国は世界の主要植民地をすべて奪う独り勝ちをしました（ロシアとしては、ピョートル三世のアホが最後にいらんことをしなければプロイセンにトドメを刺せた完勝だったのですが……）。

しかし、いくら大英帝国の独り勝ちといっても、権謀術数が横行するヨーロッパで、いつまでもそれが許されるわけではありません。アメリカ大陸で仏露墺普といった大国に復讐の機会が訪れます。

イギリスはアメリカ大陸に得た植民地を防衛するために増税をしようとします。現地植民地人は反発し、これにイギリスの宿敵であるフランスの思惑が働きます。「アメリカ独立革命」などという呼び方をするのでややこしいのですが、このときのアメリカ独立戦争の実態は「イギリス本国に対する謀反人（アメリカ人）をフランスが黒幕として支援した」ということです。いつの間にか黒幕のはずのフランスが弟分のスペインを引き連れてイギリスと正面衝突の戦争を始めたのです。アメリカ独立戦争（革命）の本質は、英仏戦争です。植民地ゲリラ軍を率いるジョージ・ワシントンなど、この戦争のいったいどこに出てくるのかという程度の扱いでしかありません。そして、フランス海軍は珍しく英国海軍に対して優勢を維持するという大健闘でした。

では、ほかの国々はどうしていたのでしょうか。「武装中立同盟」という同盟を結び、フランス寄りの中立を保ちます。今の日本人の大半は、この名称をヘンテコだと思うでしょうが、それは「中立」を「両方の味方」だと誤解しているからです。中立とは、「交戦国双方の敵」という意味です。だから、「非武装中立」などは概念として意味不明なのです。本当にそんなことをしたら、踏みつぶされて終わりです。イギリスは戦争のとき、中立国の船舶から略奪して戦時物資を確保するという国際法違反丸出しの札付きでしたから、露墺普の三大国をはじめ、イギリスに対して恨み骨髄の欧州諸国もこぞって、フランス寄りの中立を保つのです。

結果、イギリスはフランスに大敗し、逼塞を余儀なくされます。

勝ったフランスも、アメリカ独立戦争後は財政難に苦しみ、ついにはフランス革命を迎えます。そしてヨーロッパは再び動乱の時代に突入するのですが、では、露墺普の国々はどうしていたのでしょうか。

さすがに、フランス革命の凶暴さに気づいてからは違いますが、最初はほったらかしにしてポーランドの分割に熱中していました。主導者は、エカテリーナです。

エカテリーナは、夫のピョートル三世を廃位・軟禁・愛人ごと殺害した後、かつて夫に相手にされなかったうっぷんを晴らすかのように男をとっかえひっかえ、やりたい放題やっています。「事実上の夫婦生活破綻状態」（不倫の常套句です）にあったときからそうだったような気もしますが。その「事実上の夫婦生活破綻状態」からの愛人の一人が、ポーランド貴族でロシア宮廷に出入りしていたスタニスワフ・ポニャトフスキー（私は二十年来、この男を「ポニャ様」と呼ぶ）です。

ポニャ様、女帝と子供までもうける愛欲生活に溺れるのですが、宮廷の陰謀に巻き込まれて、愛するエカテリーナ様と泣く泣く別れて帰国します。

エカテリーナは、このかつての愛人に傀儡政権を樹立させるべく、ポーランドの国王に据えます。ポニャ様は、かつての愛人であり国家的庇護者に対して、心の底から忠誠を誓います。どこが「心の底から」かというと、「永遠の愛を誓って」独身を貫きました。

暇を持て余していた大学院生時代に池田理代子の『女帝エカテリーナ』を読んで、その「ダメ男描写」に思わず、「ポニャ様！」と名づけたのですが、なんともいえない情けない表情とセリフ回しで登場し、漫画の威力は違うなと感心したものです。私の文章力ではとても表現できないので、古本で見かけたら買って読んでみてください。「三歳年上の性悪女に、そこまで操たてて執着してどうすんの？　バカじゃねえの？」と小バカにしていた記憶がよみがえります。だからどうした、ですが。

ただ、高校時代に読んだアンリ・トロワイヤ『女帝エカテリーナ』（工藤庸子の名訳！）の記憶で「生涯独身を貫いた」と思っていたのですが、この本を書くために調べ直すと、ポニャ様は愛人と秘密結婚していたようです（ほとんど〝デキ婚〟に近い）。ちょっと人間らしくてほっとしました。

外交関係でいうと、ポニャ様ことスタニスワフ・アウグスト王が疲弊したポーランドの内政改革に熱心に取り組み始めたので、警戒したエカテリーナ女帝が改革を妨害するなど干渉し、プロイセンとオーストリアもロシアの突出を恐れて介入した、というのがよくなされる説明です。

ポーランドは、一七七二年、一七九三年、一七九五年と三次にわたる分割で、地球の地図上から消されてしまいました。ポニャ様は、「ポーランド最後の国王」として歴史に名を残すことになります。ああ、げにも恐ろしきは、色香に迷ったアホな指導者ですが、外国のなんとかトラップに引っかかっているとしか思えない政治家を次から次へと首相に据えている極東のどこかの国が、ポニャ様を笑えるでしょうか。

ポーランドの名誉のために言っておきますと、このあと、何度地図上から消されても、たとえ、ポーランドが国名でなくなっても、秘密結社の名前として存在し続け、不屈の闘志で国家再興を果たしています。ヨーロッパ社交界の花形であった愛国作曲家ショパンやキュリー夫人が人類の文化に果たした功績をここで繰り返す必要はないでしょう。政治においてもナポレオンに妻を差し出して祖国の再興を実現させた貴族もいますし、機を見て何度も武装蜂起しています。

第一次大戦では、自分たちを消した露普墺の三国がいっせいに消滅するという好機を逃さず独立を回復しました。その後、ソ連の侵略で苦汁をなめましたが、冷戦最末期にソ連崩壊の先陣を務めたのは、ローマ教皇ヨハネ＝パウロ二世とポーランドの政治家ワレサ連帯議長です。

たとえ領土をすべて奪われようと、五十年でも百年でも戦う。一度も国が滅んだことのない国の民族として、あえて学びたいところです。

ん？　お前は扶桑社新書の『保守の心得』で、「日本はすでに滅びている」と言っただろ、ですって？　そういうことを言っているから、日本人は子供なのです。『保守の心得』で強調した点は「成熟した保守になろう」ということです。では、どうすればなれるか。そのヒント（答えではない！）のいくつかは、これまでの著作でも述べてきましたし、本書を読み進めることでも気づけるはずです。

第四章　地球規模のグレートゲーム

主な登場人物

グスタフ三世（一七四六年〜一七九二年）　スウェーデン国王。本書は、この人物を書きたくて企画した。悲劇の国王。

ハンス・フェルセン（一七五五年〜一八一〇年）　スウェーデンのスパイ。というより、「マリー・アントワネットの愛人」のほうが、通りがいい？

マクシミリアン・ド・ロベスピエール（一七五八年〜一七九四年）　恐怖政治家。フランス革命で片っ端からギロチンで人を殺しまくり、結果、自分も断頭台に。

ナポレオン・ボナパルト（一七六九年〜一八二一年）　フランス皇帝。戦争の天才。モスクワに攻め込むが、焦土戦術（冬将軍）に敗退。没落。

アレクサンドル一世（一七七七年〜一八二五年）　ロシア皇帝。ナポレオンを撃退。ウィーン会議で世界第二位の大国に。女好き。

徳川家斉（一七七三年〜一八四一年）　江戸幕府第十一代将軍。こいつがロシアの脅威になんの対処もしなかったので、幕末は大混乱する。

カール・ロベルト・ネッセルローデ（一七八〇年〜一八六二年）　ロシア外相。絶頂期の大英帝国と張り合う。しかし、敵が悪すぎた。

ヘンリー・パーマストン（一七八四年〜一八六五年）　英国外相。ネッセルローデの天敵。その生きざまは「艦砲射撃は男のロマン」。

第一節　「グスタフ三世」――再興と亡国のスウェーデン王

女の生き方とは？　経済評論家の「勝間和代さんみたいになりたい！」と願う女性のことを「カツマー」というそうです。一時期「カツマー」論争というのがあって、「世の女性は勝間和代を目指すべきか否か」というのがはやりました。賛否両論あれども、勝間和代さんに憧れて、彼女を目指す女性は少なからずいるわけです。

一方、ロシア大帝を継いだ女、エカテリーナといえば、男社会の中でこれでもかというほど成功した女性です。世界史を見渡しても、女性で大帝と冠されるのは、エカテリーナ二世だけです。日本でも一番有名なロシア皇帝で、松本零士の名作ＳＦ『銀河鉄道９９９』の「エゴテリーナ」のモデルでもあります。しかし、この二百五十年間の人類の歴史で、彼女を目指した女性がいるという話は聞いたことがありません。勝間さんもエカテリーナと並べられたくないでしょうが、心が広い人なので許してくれるでしょう（微笑）。

エカテリーナがポニャ様にやったことより、シーザーがクレオパトラにしたことのほうが余程ひどいと思うのですが、なぜか女はいつも悪者です。ポニャ様をはじめ、周りを彩る男たちが情けないからでしょうか。エカテリーナは、映画『戦艦ポチョムキン』の名前の由来になったポチョ様のようにマッチョな男も好みだったようですが、「五人兄弟全員を愛人にした」とか、「お前は堤康次郎か！」と言われかねないようなこともしています。やはり「女に囲われる男」というのは情けなく感じるものです。

エカテリーナの時代にはダメ男しかいないのかと思われるかもしれませんが、私好みの英雄もいます。もちろん、ポニャ様だのポチョ様だのではなく、エカテリーナのライバルだった男の物語です。えっ、フリードリッヒ大王？ ……ああいうメジャーな人は、いずれこのシリーズが続けば、『嘘だらけの日独近現代史』として取りあげるかもしれないので、ここでは別の国の人物を紹介します。

それはスウェーデン国王グスタフ三世です。この人のことを取りあげる日本人は、元外交官の武田龍夫さんくらいかと思っていたら、最近では宝塚歌劇団でも『白夜の誓い―グスタフⅢ世、誇り高き王の戦い―』が上演されていました。武田さんの北欧モノのエッセーは非常に読みやすく、グスタフ三世のような日本ではまったく無名の、しかし知る価値のある人物のことを取りあげているのでオススメです。

グスタフ三世に学ぶべきは、大国復活を目指した君主だという点です。本書で描いたスウェーデンの歴史をおさらいすると、グスタフ・アドルフとクリスチーナ女王のときにバルト海に大帝国を築きましたが、カール十二世が大北方戦争で敗北して大国の地位から滑り落ちてしまいました。東方のロシアに東フィンランドを獲られ、西方のデンマークは隣接するノルウェーを治めていますから、スウェーデン（瑞典）はロシア（露西亜）とデンマーク（丁抹）に、いつでも挟み撃ちにされかねない状況です。現に、小国に滑り落ちてからのスウェーデンは、ことあるごとに露丁両国の圧迫にさらされました。王家は権威を喪失し、実権を握る貴族たちは周辺諸国に媚びへつらうことこそが「現実主義」だと思い込み、国を立て直そうとする者は時代錯誤の非現実主義者として弾圧されました。露丁両国の了解の下で、貴族たちは特権を享受できるのですから、勝手に「敗戦レジーム」を脱却されては困るのです。彼らは、もし「敗戦レジーム」脱却の動きが見えた場合、相手が王家の者であっても容赦なく排除しました。これが五十年続きます。

なんだか、一回戦争に負けたくらいで、大陸国家とその手下の半島国家にペコペコしている極東のどこかの国に似ているようで腹が立ちますね。

グスタフ三世は即位二年目の一七七二年、二十六歳でカウンター・クーデター（上意討ち）を断行します。「いつまでも敗戦国のままでいられるか！」と国家元首が宣言するわけにはいきませんが、その態度から明らかです。

まず地方の軍隊が蜂起し、フィンランドの主要都市を確保します。ついで国王自ら近衛師団を率いて首都ストックホルムを占領し、軍の包囲下で議会を招集します。そして、ブレーンたちが起草した国王に実権を持たせる新憲法を可決させました。貴族たちは、ひとまず逼塞します。

実権を得たグスタフ三世は、内政では軍事拡張、殖産興業、文化事業振興を行います。彼は、この時代の文化にちなみ「ロココの国王」とも呼ばれます。また、貴族には重税を課しました。軍備にはカネがいるからです。

グスタフ三世は、デンマーク領ノルウェーに野心を持ちます。スカンジナビア半島で隣接しているのですから、背後を脅かされては何もできません。しかし、「宗主国」のロシアはデンマークを保護しますから、うかつに動けません。この状況を見たグスタフ三世は、東部フィンランドの失地回復を目指します。ロシアに喧嘩を売るということです。その準備として、フランスとの同盟を強化していきます。彼は、国王即位前はフランスやイタリアなど南欧に長くいましたから、事情をよく知っています。

ヨーロッパのすべての国が関心を抱いたアメリカ独立戦争でスウェーデンからは、イギリス軍と反乱軍の双方に義勇兵が参加していました。ただし、国策としてはロシアが提唱した武装中立同盟に参加しています。グスタフ三世はイギリスにシンパシーを持っていたのですが、最終的には勝ち組に乗り、国策を誤ることはありませんでした。

アメリカ独立戦争終了から五年、一七八八年に怨敵ロシアに対して宣戦布告を行います。国王は自らロシア領フィンランドに攻め込みました。外国に心を寄せている貴族たちは厭戦気分にとらわれます。あろうことか、国王の退路を塞いでしまいました。「さっさと戦果が出ると言ったから宣戦布告に賛成したのになんだよ」という言い草です。

グスタフ三世は、デンマークが宣戦してきたのをこれ幸いと前線から帰国し、反対派を鎮圧して挙国一致体制をつくり上げます。そして、バルト海の海戦ではロシアに快勝します。七年戦争以来、一度も大敗を喫したことがなかったエカテリーナはあわてました。しかし、彼女も世界史最強の女帝です。また、ロシアの法則「何があっても外交で生き残る！」を心得ています。

一七八九年のフランス革命勃発を機に、和議に持ち込みました。傷が浅いうちに戦争を終わらせようとしたのです。スウェーデンは何一つ領土を得ませんでしたが、軍事強国であることを示し、大国の地位を取り戻します。

フランス革命とは「王政そのものを廃止せよ」という危険な動きですから、ヨーロッパの君主国――つまりスイス以外すべての国――が、革命運動が自国に波及しないよう、王様どうしの友好を強めます。露瑞両国も提携を強めました。

グスタフ三世は、弱っているフランス宮廷にスパイを送り込みます。『ベルサイユのばら』のフェルゼンのモデル、ハンス・フェルセンです。お前は池田理代子の漫画しか読んでいないのかと言われそうですが、『ベルばら』の登場人物は、事実を踏まえつつ、極端にデフォルメされているので指摘しておきます。

ルイ十六世＝善良だが男としてまったく魅力がないブサメン。ダメ男はどんなに善良でも恋愛対象ではないので、妻に不倫されても文句が言えない（勝手に死ね）。

マリー・アントワネット＝母マリア・テレジアの思惑で恵まれない結婚を強制された悲劇のヒロイン。なぜか聡明なイケてる女。最後は断頭台へ送られる悲劇。

フェルゼン＝悲劇の王妃マリー・アントワネットに献身的に尽くすイケメン。ヒロインが心を許したイケメンはいかなる悪徳を犯しても正義。ヒロインを見捨てようが、知ったことではない。

もし「嘘だらけシリーズ」があと三冊くらい続いて、『日仏』までいけるようでしたら、ルイ十六世の名誉回復をこれでもかとばかりに行いたいのですが、それはさておき。

漫画の世界のフェルゼンはともかく、現実のフェルセンはグスタフ三世が放ったスパイでした。当時のスウェーデンは、大国フランスの隙を見て乗っ取ってしまおうと考えたのです。これは、日本政府がホワイトハウス中枢にスパイを放ち、オバマ大統領夫人をたらしこんでしまうようなものでしょうか。もっとも、日本にはそんな能力はありませんが。

しかし、一七九二年、グスタフ三世は貴族に暗殺されてしまいます。黒幕はわかっていません。内外に敵を作りだしたがゆえなのは間違いないでしょう。グスタフ三世の死後、スウェーデンは二度と大国として復活することはありません。あろうことか、フランス人の将軍が今の王家の祖先です。日本の感覚では、こういうのを、「滅んだ」と言います。

『保守の心得』を書いたあと、「じゃあ、どうすれば日本は大国に復活できますか」という質問をよく受けました。答えは「知るか」です。そして「自分で考えろ」としか言いようがありません。せめて「グスタフ三世に学んでくれ」と思い、本節で取りあげました。

小国に転落したスウェーデンを一代で大国に戻し、その死によって再び亡国に至った。では、「敗戦国なりにおとなしく生きろ」とばかりになんの努力もしなかった、それどころかことごとくグスタフ三世の足を引っ張った門閥貴族たちのほうが正しかったのか。グスタフ三世は、日本でいえば足利家の再興に努めた室町幕府十三代将軍・足利義輝に似ていると感じるのは私だけでしょうか。

男として、同じ亡国の指導者としても、ポニャトフスキーは軽蔑するのみですが、グスタフ三世を見下す気にはどうしてもなれないのです。

第二節 「ナポレオン戦争」――ナポレオンを倒して超大国に

さて、フランス革命の大混乱は、ヨーロッパの地図を塗り替えていきます。フランス革命は、時に比例して狂気を重ねていきます。


「特権階級の坊主どもを皆殺しにしろ！」「国王陛下万歳！」

「都会に住んでいる金持ちとインテリを皆殺しにしろ！」

「猫は金持ちの象徴だから、皆殺しにしろ！」

「国王を殺せ！」「王妃も殺せ！」「民主主義万歳！」

「田舎の農民は皆殺しだ！」

なぜこういう話になったのかよくわかりませんが、事実なのだから仕方ありません。革命が当初「国王陛下万歳」で始まったうちは、ヨーロッパ列国は気にしませんでした。しかし、フランス人が議会の投票で国王夫妻の処刑を決めてしまい、ルイ十六世と王妃マリー・アントワネットをギロチンで処刑するに及んで、恐怖がヨーロッパ中に走ります。これでは「民主主義」とは、「王族を皆殺しにする」と同じ意味です。少なくとも、当時のヨーロッパ人はそう解釈しました。アメリカ人ですら「うちは共和主義であって民主主義とは違う」と言いわけしたほどです。さすがのアメリカ人もギロチンで片っ端から人を殺していく連中と一緒にされたくなかったのです。当時、フランス革命派はそれほど凶暴でした。フランス革命の指導者、マクシミリアン・ド・ロベスピエールは、「恐怖（テロル）こそ徳の発露だ」などと公言していましたし（のちにレーニンが好んで引用します）、革命派は「ギロチンは貴族も平民も拷問で苦しむことなく、一瞬で死ねる。だから平等思想の産物なのだ」と考えていました。

英露墺普の四大国をはじめ、ヨーロッパ諸国は革命をつぶそうと干渉戦争を起こします。しかし、フランス軍はヨーロッパ全部を敵に回し、善戦します。そして、軍事の天才であるナポレオン・ボナパルトが登場するに及んで、フランスは逆に欧州諸国へ侵略を仕掛ける有様です。「革命が輸出される！」とヨーロッパ中が恐怖のどん底に陥りました。

対仏同盟の盟主はイギリスです。時の首相は、ウィリアム・ピット。七年戦争の英雄である大ピットの息子なので、小ピットと呼ばれます。ヨーロッパ大陸全土を制圧していくナポレオンに対し、ピットは制海権の確保で対抗します。どちらも決定打を欠きながら、消耗戦は続きます。と、書くのは簡単ですが、オーストリアやプロイセンのような大国ですらナポレオンにかかっては蹂躙されて終了です。

スウェーデンのような小国は、ナポレオンの将軍を国王に迎えて国家の延命を図りました。貴族たちは議会でピット党とナポレオン党に分かれて不毛な政争を繰り広げるだけで、もはや「我々はイギリス党でもフランス党でもなく、スウェーデン党だ」とすら言い出せないほど、後の祭りでした。

ナポレオンは自分の親戚や部下をあちこちの王様に据えて、ヨーロッパ大陸を支配下に置いたのでした。

肝心のロシアはというと、オーストリアと組んで戦ったアウステルリッツの戦いで、ナポレオンに完膚なきまで叩きのめされ、忠誠を誓わされました。なお、この戦いは、皇帝の冠を自らかぶったナポレオン、形ばかりの神聖ローマ帝国を廃されオーストリア帝国に名前を変えさせられたフランツ一世（神聖ローマ皇帝としてはフランツ二世を名乗っていた）、そしてロシア帝国のアレクサンドル一世の三人が一堂に会したので、三帝会戦とも言われます。

ロシアは、ナポレオンの舎弟として、国を保ったのでした。

ついでに言うと、日本では、イギリスの軍艦がオランダの船を追いかけて長崎港に乱入し、何もできずに言いなりになった長崎奉行が責任をとって切腹するというフェートン号事件が起きます。長崎奉行の松平康英さんの基準でいちいち切腹していたら、拉致問題を解決できない今の外務省や自衛隊は、高官たちのジェノサイドを行わなければならないでしょう。そもそも、征夷大将軍の徳川家斉は何をしていたんだ、という話になるのですが、大奥で子づくりに励んでいました。こんな調子でさらに三十年も眠り続けたので、アメリカごとき小物がやってきたときにあわてふためくことになるのです。

なお、当番だったのに警戒を解いていた佐賀肥前藩はこれで臥薪嘗胆を決意し、独自に大砲を製造したりして近代的軍隊を育て、勝手に富国強兵を成し遂げます。その実力が求められ、明治新政府では薩長土肥の一翼を担うこととなります。

さて一八一〇年代に入ると、英仏一騎打ちの様相を呈します。ほかの国、露墺普のような大国もどちらかの舎弟です。本音では成り上がり者のフランスは嫌だけど、逆らうと殴られるのでおとなしくしているのが当時のヨーロッパ諸国です。

ナポレオンは、イギリスを経済的に締め上げようと大陸封鎖令を発します。自分の子分のヨーロッパ諸国にイギリスとの貿易を禁じたのです。しかし、そうはいっても当時のイギリスは世界最大の経済大国です。イギリスは「逆封鎖」で対抗します。たちまち、物資が入らず流通が滞ったヨーロッパ諸国は困窮します。耐えかねたロシアは、ナポレオンに逆らいイギリスとの密貿易を始めます。

激怒したナポレオンは、ロシアを懲罰しようと七十万の大軍でモスクワに向けて進撃しました。これに対してアレクサンドル一世は、モスクワの町を焦土にして逃げてしまいます。「逃げる場所なら、シベリアにいくらでもある」のがロシアの強みです。しかも、すぐに冬が訪れたのでナポレオンは急遽撤退し、これをアレクサンドル一世が追撃し、大打撃を与えました。

ナポレオン、冬将軍に敗れる！

ただ、アレクサンドル一世の軍事能力を過大評価するのは禁物で、これでフランスが壊滅的な打撃を受けたわけではありません。ヨーロッパ最強の陸軍はまだまだ健在です。ロシアを褒めるべきは、「冬将軍」以降のプロパガンダとその外交能力です。

プロパガンダとは何か。あるメッセージを伝えて、敵の政治意思を挫くことです。そのために味方や第三者を煽動することもあります。

「フランスは、アウステルリッツでボロ勝ちしたロシアに、今度は敗れた」「冬将軍はすごい（ついでに、ロシアも強い）」「ナポレオンは無敵ではない」「勝ち目がある」「もう、ヤツの支配に従わなくていい」「みんなで徒党を組んで、リンチしようぜ」

あっという間に、英露墺普の同盟ができあがり、ついにはライプチヒでナポレオンを打ち負かします。その後も、すったもんだがありますが、一八一四年から一八一五年のウィーン会議で一七八九年のフランス革命から続いていたナポレオン戦争が終結します。この会議で、自他ともに英露仏墺普が大国として認められることとなり、すなわち、「世界の五大国」となったのです。

こうしてヨーロッパの大戦争は終わりました。では次に彼らは何をするのでしょうか。アジアへの侵略です。

第三節　「クリミア戦争」――パーマストンに敗れたロシア

ナポレオン戦争の勝利で、大英帝国の覇権は盤石となります。それまで幾度となくイギリスの海洋覇権に挑戦してきた大陸国家のフランスは、なおも世界中で植民地競争を挑みますが、最終的にイギリスに勝ったことは一度もありません。ロシアの国力は、完全にフランスを凌駕し、イギリスに次ぐ世界第二の帝国となります。

この大帝国の外政を一手に担った人物が、カール・ロベルト・ネッセルローデです。彼は十代のときに数年の軍隊勤務をしたほかは外交官として生涯をすごします。ナポレオン戦争期には司令部付外交官として転戦し、ウィーン会議でこそ皇帝が前面に出て交渉をしましたが、一八一六年に外務大臣に就任し、一八六二年に死去するまで、ロシア外交を取り仕切ることになります。その間、一八四五年から一八五六年までは首相も務めています。

ネッセルローデの基軸は、ウィーン体制の堅持です。英露仏墺普の五大国の序列を守り、「キリスト教と君主制の神聖な理念を守る」神聖同盟を維持する、そのことによりヨーロッパでの大国間の戦争を回避する、というのがウィーン体制です。ネッセルローデが生きている間は、おおむね守られました。

二十世紀後半のアメリカはソ連を相手に「冷戦だ！」と大声で宣言していましたが、こんなのは例外で仮想敵がどこなのかは公言しないのが国際常識です。十九世紀の英露はこんなあからさまな表現は絶対に使いません。しかし誰もが、「海のチャンピオンのイギリスに、陸のチャレンジャーのロシアが、覇権抗争を挑んでいる」ということは知っています。だからこそ、ウィーン体制のプレーヤーたち――ロシアのネッセルローデ、イギリスのカニング、フランスのタレイラン、オーストリアのメッテルニヒ――は、「ウィーンハーモニー」などとキレイごとを言いふらすのです（その結果、江戸幕府は「地球の裏側では上位五か国が同盟を結んでいる」と勘違いしたほどです）。ヨーロッパの中では、「ウィーンコンサート」「ウィーンハーモニー」であっても、外に出てしまえば関係ありません。

おさらいします。アジアの四大帝国は西から、オスマン・トルコ、サファヴィー朝ペルシャ、インド・ムガール帝国、清です。このすべての地域で英露両国は勢力争いをします。

もう何回やったかわからない露土戦争ですが、十九世紀も続きます。十八世紀の露土戦争は中央アジアの勢力圏が中心でしたが、十九世紀は地中海への出口である黒海周辺・バルカン半島をめぐって行われます。時に「英仏露が組んでトルコを制裁する」ということもありましたが、イギリスがロシアを地中海に出したいはずがありません。またバルカン半島では、露墺土の三勢力が常に利害を角逐させています。一瞬にして同盟国を裏切る外交を「バルカン外交」と言いますが、ロシアはバルカンの小国の後背に悩まされ続けます。とくに、同じスラブ民族のセルビアとブルガリアは、どちらかがロシアに味方すればもう片一方がオーストリアやトルコにすり寄るという有様です。恫喝しても柳に風の連中です。結局、ロシアはヨーロッパの主正面には出られませんでした。

そこでロシアは、中央アジアからペルシャに南下します。しかし、イギリスはサファヴィー朝に肩入れしつつロシアにも取引を持ちかけ、南北で勢力圏分割を提案してきます。北はロシア、南はイギリスということです。その結果、ロシアはペルシャ湾に出ることができませんでした。二十世紀には世界最大の油田地域になりますから、この提案はその後の世界史を大きく変えたと言っていいでしょう。

なお、ペルシャ北部のカスピ海は十九世紀では最大の資源地域ですが、ここでの英露の勢力争いを「グレートゲーム」と言います。直接の軍事衝突こそありませんが、双方ともに一流のスパイを送り合って、少しでも相手を出し抜こうと「実録007」みたいなことをやっています。イギリスのスパイの中には、「コーランを読んだことがないのにイスラム聖者に成りすましてシルクロード旅行をやりきった」という人物がいますが、具体的にどうやったのかは謎です。

インドでは七年戦争（フレンチ・インディアン戦争）でフランスの勢力を駆逐して以来、イギリスが現地の藩王（マハラジャ）を各個撃破し、事実上の植民地化をしていました。ロシアとインドの緩衝地帯にアフガニスタンという山岳地帯があります。ロシアはここの王様（というか実態は地元山賊のドン）を味方につけて、イギリスに嫌がらせをしていました。これは成功し、アフガン占領を目論んだイギリス軍を消滅させるという大戦果をあげています。このときのことをまったく負けたと思わず「アフガニスタンは占領する価値なし。ただ軍靴で踏みつぶすのみ」と嘯くイギリスの神経の厚かましさを見習いたいものです。

こんなことをやりながら、東の果ての清でも争います。十九世紀の清朝は、無力な皇帝と無能な政府高官、無気力な軍人であふれていました。太れるブタです。当然、英露両国は目をつけます。ただし、ネッセルローデの前に、巨大な壁が立ちはだかります。

ヘンリー・パーマストンです。砲艦外交の代名詞で知られるイギリス人です。ネッセルローデより四歳年下のこの男は、一八三〇年から一八六五年まで外相首相を務め、在野にあるときもメディアを駆使して外交界の最重鎮として、ヴィクトリア女王期（つまり大英帝国の絶頂期）の外政を取り仕切ることとなる人物です。

パーマストンは、激昂するアメリカを「焼くぞ」の恫喝ひとつで黙らせたり、一人のイギリス国籍ユダヤ人のために「我こそはローマ帝国である」と演説してギリシャまで艦隊を派遣してみたり、世界中がその名を聞いただけで震え上がった男です。例外は日本の薩摩と長州の連中だけですが、その彼らも薩英戦争（イギリス呼称は、単に鹿児島砲撃）・馬関戦争（四国連合艦隊砲撃事件）で、手ひどく制裁されています。

ちょうどパーマストンが欧州外交界の中心に躍り出たときは、建艦技術に革新が起きていたころでした。帆船から蒸気船への転換は、その航続距離・速度・防御力を大きく進歩させましたし、艦砲射撃も可能になりました。世界最強の英国艦隊（ロイヤルネイビー）による、こちらが届かないところからの艦砲射撃と陸戦隊の前に対抗できる国などありませんでした。確かにイギリスの地上軍（名前が陸軍であれ陸戦隊であれ）は、アフガンでの失態のように内陸部に入り込むと急に弱くなるのですが、艦砲射撃の援護が届く範囲では無敵だったのです。

一八四〇年に始まったアヘン戦争は、清朝が衰えたブタであることを如実に示しました。江戸幕府は「イギリス人はこんな理不尽な攻撃をするのか。次は自分の番だ」と今さらながら怯えます。七年戦争のころにはもう南方からイギリスが迫っていましたし、北方からはロシアの脅威がすり寄ってきていました。第三章第三節で紹介した吉宗や田沼はともかく、寛政の改革と言いながら何もしなかった松平定信、五十年に及び「大御所時代」といって政治を停滞させた第十一代将軍・徳川家斉。よく「二百年の鎖国で泰平を貪っていた」と言われるのですが、実際に貪っていたのは五十年から六十年くらいなのです。しかし、これが痛かった。遅れを取り戻すために、日本は幕末維新の大変革を必要としました。実力もさることながら、幸運が大きく作用したことも事実です。

もしイギリスが本気で日本を支配しようとしていたら、パーマストン様の前ではひとたまりもありません。なにせ世界第二の大国のロシアですらイギリスを恐れ、パーマストンにモノを言うときは、露墺普の「鋼鉄同盟」の結束を確認してからにするのが常だったほどです。日本が幸運だったのは、イギリスから見たら、清国は巨大なエサとして映ったけれども、日本は視界に入らなかったという一点に尽きます。もしこの幸運に恵まれなかったら、どうにも責任を取りようがないほど日本は弱い国になっていました。

ちなみに、このパーマストンの名前を日本で普及させたことに関して、倉山満という人の功績は認めてあげるべきでしょう。その証拠に、グーグルで「パーマストン」を検索すると「ウィキペディア」の次に、「倉山満の砦」というブログが表示されます。あの人、あんまり褒められることがないので、みんなで褒めてあげましょう（真剣）。

冗談はさておき、日本人は日本近代史にとって超重要人物であるにもかかわらずパーマストンの名前すら知らずに世界の常識を語らなければならなかったので、パーマストンの所業、世界中のエリート歴史教育で「帝国主義」「砲艦外交」「恫喝外交」の代名詞となっている事実を周知させてきました。

ここまで普及したからこそ、パーマストン外交の神髄をお話ししてもいいと思います。パーマストンの得意技は戦争ではなく恫喝です。実際はめったに本当の戦争をやらなかったのです。パーマストンの時代、欧州のあちらこちらで動乱が発生しました。フランスなど十年に一度の割合で革命が発生します。クーデターや政変を加えたら無数です。オーストリアだって革命が起き、メッテルニヒ首相はパーマストンを頼ってロンドンに亡命しているのです。いつ、フランス革命戦争のような動乱に戻ったかしれません。

それを、最終的には英国海軍（ロイヤルネイビー）の介入をちらつかせながら、何度も粘り強く紛争当事者の意見を聞く国際会議を開いたのがパーマストンなのです。最強の国だからこそ、ほかの国の喧嘩を調停できる。また、最強国の権利として、会議場をロンドンにすることが多く、ほかの国が詳しい打ち合わせをできないままに、地元のイギリスは神速で政府の意思統一をし、自分のペースでことを進めるのが得意技でした。とはいうものの、強引な手法で内外に敵が多いパーマストンと、ヨーロッパ中の王族と親戚関係（つまり、しがらみでもある）を持つヴィクトリア女王の関係は、決して良好ではありません。そうした人間関係を潜り抜けながら、パーマストンは三十年間も外交権を握りつづけたのでした。

パックスブリタニカは、まさにパーマストンの粘り腰外交によって支えられていました。ネッセルローデは以上を承知したうえで、時にライバルとして国益を主張し、時に「コンサート」の一員として「ハーモニー」を奏でることに協力したのでした。

数少ない、パーマストン主導で軍事行動が行われた例の一つが、先にお話ししたアヘン戦争です。そして、もう一つがクリミア戦争です。パーマストンとネッセルローデ、生涯ただ一回だけの直接対決です。

相変わらず、ロシアとトルコはもめていました。一八五三年、またもや何度目かわからない露土戦争が勃発します。このとき、度重なる強硬外交で諸外国の恨みを買いすぎたことを危惧したイギリスの政治家たちは、パーマストンを一時的に外相からはずし、内務大臣の地位に据えていました。このことへの判断がロシアとトルコの運命を分けます。

ネッセルローデは、「パーマストンが外交からはずされているから、イギリスは介入してこないだろう」と読みました。ところがトルコは「パーマストンが閣内にいる限り必ず助けに来てくれる」と甘い期待を抱いていました。

果たして、あるときにヴィクトリア女王がパーマストンに労働問題で御下問しました。これに対してパーマストン内務大臣は、「そんなことより女王陛下！ トルコとロシアが大変なことになっています」と返答してしまいました。「大変なこと」とは、意訳すると「おもしろいこと」です。いつの間にか、イギリスの新聞は「ロシアを討て！」一色になり、一八五四年にはイギリスはフランスとイタリアのサルディニア王国を連れて参戦します。ロシアは大敗し、またもや黒海から出ていくことができませんでした。

ロシアにとっては珍しい外交上の失敗なのですが、ロシア史の中でも屈指の名外交家であるネッセルローデのときにそれが起きたのだから皮肉なものです。しかし、これは相手が悪かったと言うべきでしょう。

第五章　ロシアから見た幕末明治

主な登場人物

榎本武揚（一八三六年〜一九〇八年）　駐露公使など。本文の千島樺太条約のくだり、日本人に生まれてよかったと思う。

オットー・フォン・ビスマルク（一八一五年〜一八九八年）　ドイツ首相。「鉄血宰相」「曲芸師外交」などの異名を持つ。日本人にもいろいろ助言している。

アレクサンドル・ゴルチャコフ（一七九八年〜一八八三年）　ロシア外相。貴族主義者で、ビスマルクとそりが合わない。手痛い仕返しをされる。

ウィルヘルム二世（一八五九年〜一九四一年）　ドイツ皇帝。ビスマルクを罷免、親政を始めて、陰謀に熱中。敵をつくり、結束させる天才。

ニコライ二世（一八六八年〜一九一八年）　ロシア皇帝。日露戦争やロシア革命など、悲劇を一身に浴びる。最期はレーニンに銃殺される。

高平小五郎（一八五四年〜一九二六年）　駐米公使など。司馬遼太郎にこれでもかとけなされているが、実は名外交官。

東郷平八郎（一八四八年〜一九三四年）　元帥。世界史最強の提督。日本海海戦で海戦史上最高の勝ち方をする。

小村寿太郎（一八五五年〜一九一一年）　外務大臣。ロシアとの外交ではやり込められたとの評価だが、真相は本文を読め！

第一節　「榎本武揚」――超大国ロシアと対等条約を結ぶ

この「嘘だらけシリーズ」は、一般に言われている「通説」を紹介し、その誤りを指摘しながら、歴史の真実にたどり着こうという本です。

幕末、ロシアを含む列強は日本に開国を迫ってきました。泰平の眠りを貪っていた日本は開国を余儀なくされます。

では、学界の通説はどうなっているでしょうか。

通説

いわゆる「鎖国」は江戸時代を通じて存在していなかった。確かに江戸幕府は、長崎・対馬・琉球・蝦夷の「四つの口」に貿易を限定していたが、資源大国であった日本からは金・銀などが大量に流出し、西欧の市場を動かしていたほどだった。また、徳川吉宗による漢訳洋書輸入の禁緩和が文化人たちに与えた影響は大きく、洋学の発展は目覚ましかった。この点で、国を閉じていたという意味での「鎖国」の実態は、経済的側面でも文化的側面でも、研究したうえで修正されねばならない。事実、アメリカのペリーやロシア帝国のプチャーチンが来航したとき、幕府はオランダ商館からの情報で事情をかなり把握していたし、民間人も限られた情報の中でかなり正確な判断をしていた。アヘン戦争の危機感は官民共有であり、天保の改革などはまさにその危機感の中で行われたのだった。しかし、二百年の泰平の世で腐朽した体制の変革は難しく、やがて内外の動乱の中で明治維新を迎えることになる。

以上、すべて本当のことです。意外だったでしょうか? たまにはマトモなことを書いてみたのですが、少なくとも、説得力がある学者の説をまとめるとこうなります。とはいえ、こういった学者は少数派で、「通説」に広がらないことも事実なのですが。

そもそも、アメリカや中国にはある程度イメージはあっても、ロシアの近現代史について、たとえば、第一章に登場したノヴゴルドはどれくらい知名度があるでしょうか。一般の読者が知らないのは仕方ないとして、学者も知らないなんてことがありうるのか。しかし、学問には専門の学者が「隣接分野を知らない」という落とし穴があるのです。

たとえば、前章の主人公であるネッセルローデとパーマストンを幕末研究者は知りません。平成日本を研究している学者が、オバマや習近平を知らないようなものです。

学界では自分の専門分野だけを知っていればそれでよしとする、学問的「鎖国」がはびこっています。これを「タコツボ式」と言います。はっきり言って、大学教授だって自分の専門の狭い範囲以外は知りません。パーマストンやネッセルローデを知らない、語れないという時点で、大学教授も幕末マニアも同じなのです。ということで、なんとなくみんなが抱いているイメージを「通説」として提示しているのですが、学界の多数の人が抱いているイメージともそんなにズレていないでしょう。では改めて仕切り直して。

通説

鎖国の安寧を貪っていた日本は、ペリーの黒船の脅迫によって開国させられた。そして米英露仏蘭の各国と不平等条約を結ぶことになり、鎖国か開国かをめぐって幕末動乱に突入していく。

なんだか、日米関係が幕末のメインストリームみたいです。ただし、ちょっと幕末史をかじった人は、「アメリカは南北戦争で、日本の政局に介入できなかった。だから英仏の介入によって討幕派と佐幕派の対立は代理戦争の様相を呈していた」みたいな誤解に至ってしまうのでこれもまた問題なのですが。

小著『嘘だらけの日米近現代史』で、ペリー来航当時のアメリカなどは新興国で、落ちぶれたオランダよりは上だけど、英露のような大国には及ぶべくもないというお話をしました。こういうことを書くと、「史料は?」と聞かれるのですが、では二十一世紀の初頭で、インドやオーストラリアがアメリカより小国であることを納得させる資料って、何を出せばいいのでしょう。常識すぎて、困ってしまいます。しかし、そうは言っていられないので、『嘘だらけの日米近現代史』ではこれでもかと説明したつもりです。

徳川吉宗以来、日本にとって最大の脅威は常にロシアです。そこにアヘン戦争でイギリスがやってきた。すなわち、日本がいよいよ英露代理戦争に巻き込まれることとなったのです。そういった状況でどちらかと組めば、飲み込まれ、もう片方にはつぶされます。だから、ほどほどの新興国であるアメリカと真っ先に条約を結んだのです。

超大国の英露に飲み込まれない選択をしたという意味で、当時の江戸幕府の選択は適切だったと評価できるでしょう。また、ペリーと和親条約を結ぶときも、ハリスと修好通商条約を結ぶときも、「アメリカ単独では欧州の大国に勝てないが、日米で組めば対抗できるのではないか」という甘い期待を抱いています。しかし、当時のロシアを相手に、日米が組んだところでどうにもならないことを思い知ることになります。

一八六一年（文久元年）、ロシアの軍艦ポサドニック号が対馬に来航し居座ります。船の修理の名目で勝手に工場を作り、近隣の村で略奪まで始めてしまいました。現地大名の宗氏も幕府も、打つ手なしです。ロシアは、藩主と強引に会見し、長期滞留の礼を言いながら港の租借を要求します。日本側の「国際法違反」の抗議など、笑ってごまかして終了です。それでいて、ヌケヌケと「船の修理を助けてくれてありがとう」と言いだすのですから、面の皮が何枚あるのか。

そこで幕府は、ロシアのライバルであるイギリスを頼ります。イギリスは軍艦二隻を派遣し、圧力をかけます。形勢の不利を悟ったロシアは半年に及ぶ占領を切り上げ、ようやく去りました。アメリカなど、お呼びではありません。当時の世界で、ロシアに勝てる国はイギリスだけです。ただし、自力ではなく外国の力を頼るのは亡国のもとです。イギリスは、日本に協力しながらも、対馬を占領することを考えていました。当然です。たまたまイギリス内部で話がまとまりませんでしたが、イギリスに再占領されていたら幕閣はどうするつもりだったのでしょうか。

なお、幕府には小栗上野介というマトモな人がいるのですが、事なかれ主義の官僚主義に阻まれ、彼のやりたいことは何もできないままイギリスに泣きつくという恥ずかしいやり方をせざるをえませんでした。

こんな体たらくなので、江戸幕府はどんどん求心力を失い、明治新政府に取って代わられることになります。話を端折りすぎですが、幕末史の本ではないのでご容赦を。

明治新政府は、内外に難問を抱えて出発をしますが、江戸以来のロシアとの国境紛争にも悩まされます。一八五五年（安政元年）、千島に関しては、択捉以南は日本領、得撫以北をロシア領と定めていました。一方、樺太は、日露雑居状態でした。

ロシアは極東など流刑地だと思っているので、凶悪犯罪者をどんどん樺太に送り込んできました。凶悪犯罪者がおとなしくしているわけがありませんから、樺太ではロシア人による事件が続発します。とくに多かったのが窃盗で、時に殺人や強姦なども発生します。

そこで一八七〇年（明治三年）、沢宣嘉外務卿はデロング駐日米国公使に仲介を依頼し、樺太の北緯五十度線での分割を提案しました。ところがロシアは軽く拒否し、直接交渉を要求します。アメリカごとき小国の仲介など、なぜ受けねばならぬのだという態度です。

幕末日本政治におけるアメリカのプレゼンスを過大評価してはなりません。南北戦争があろうがなかろうが、アメリカの力など、しょせんはこの程度なのです。メインストリームは、英露代理戦争であって、この当時のアメリカなど英露両国にかかったら、「下がれ無礼者」で終了です。『嘘だらけの日米近現代史』で散々強調しましたが、アメリカはペリー以来、我が国の最大の友好国です。とくに明治初期はかなりの好意を示してくれていました。常に不平等条約改正に乗ってくれるのはアメリカです。しかし、国際政治の力関係の前では、アメリカとの友情にすがろうとした日本の思惑は吹っ飛ばされてしまいました。

超大国のロシアと小国日本。一騎打ちで外交交渉などしたら、勝てるはずがありません。対馬から半年で出ていってくれたのが奇跡であって、前章までに書いてきたとおり、この時代の常識であればいつ日本が丸ごと飲み込まれてもおかしくないのです。弱い国は死ぬしかない、それが十九世紀です。

この苦境に、我が国の外交史で特筆すべき名外交官が登場します。

榎本武揚です。以下、『日本外交文書』という外務省の公式記録（の活字版。原文書は外交史料館に所蔵されています。検索は大変ですが、アジア歴史資料センターのサイトで見ることができます）に沿って、お話ししましょう。

榎本はもともと幕臣で、オランダ留学経験もある国際通でした。江戸幕府が滅んでもなお、箱館五稜郭に立てこもって最後まで抵抗を続けました。敗色濃厚で翌日は落城間違いなしの形勢となったとき、榎本は官軍の大将である黒田清隆にオランダで書き写してきた国際法の教科書を預けます。自分の一身はどうなってもいいが、この教科書は日本の宝となるので絶対に戦火で焼かれることがないようにとの意味です。

意気に感じた黒田は榎本の助命嘆願に駆けずり回り、やがて許された榎本は新政府に黒田の側近として仕えることになります。

そして一八七四年（明治七年）、ロシア公使・海軍中将に任ぜられます。当時の世界では、大使を交換するのは例外ですから、公使は外交官の最高位です。また、日本では大将は西郷隆盛ただ一人という時代ですから、中将もまた軍人として事実上は最高の階級でした。ロシア帝国では軍人を尊敬する風潮があったので、〝なめられないように〟という配慮です。

榎本がロシアとの交渉にあたったとき、樺太在住ロシア人によるアイヌ人女性への強姦殺人事件が発生しています（原史料には実名がありますが、もちろん省略）。日本側が執拗に処分を迫ったにもかかわらず、ロシアはのらりくらりです。

明治七年八月二十日の交渉記録ですが、榎本はバロン・ヲステンサーケンアジア局権頭という木っ端役人に、「オタクの国の住民は殺人事件が絶えない。しかし、オタクが取り締まり処罰をしたという話も聞かない。どういうことか」と、「お前の国に警察あるの？」と言わんばかりの高圧的な交渉を仕掛けました。「処罰はしている」などと言い逃れをするので、「では処罰をしたという罪人のリストを出してもらおう。オタクとの交渉記録には、その犯罪者の氏名が提出されたという記録が一度もない。オタクが本当に処罰をしたというなら、今すぐにでも提出してもらおうか」と、さらに詰め寄ります。サンクトペテルブルク（当時のロシアの首都）の外務省を家探しでもしかねない勢いで、「お前は机の整理もできんのか」と責めたてたわけです。

交渉中も紛議が絶えなかったのですが、そのたびに追及することを榎本は忘れませんでした。その間、どんどん交渉相手の階級が上がっていきます。ロシアは、榎本を「流刑地シベリアの先の野蛮人」くらいに思ってなめていたのですが、だんだん下っ端では相手にならないことを悟っていくのです。

榎本は頃合いを見て、「こんなことになるのは、樺太が世界に類なき雑居状態だからだ」などと話を広げ、一気に領土問題の解決に持ち込もうとします（最初に持ちかけたのは、明治七年十一月十四日）。日露双方ともにもったいぶって、榎本も「樺太の権利を人に譲るのは、もっとも全国民が関心を寄せるところだ」などと、話を大げさに持っていきます。

本音ではロシアの外務省を探って、「強く押せばロシアもこだわるまい」とインテリジェンスを働かせていたにもかかわらず、あえて芝居がかかった交渉をするのです。「日本人にとって樺太を手放すことがどういう意味かわかっているのか?」というわけです。

一八七五年(明治八年)五月七日、遂に千島樺太交換条約が結ばれました。非業の死を遂げたアイヌ人女性の死を無駄にはしなかったのです。

最近の学界では、「日本はまったく別の民族だったアイヌを、国民国家をつくるために力ずくで飲み込んだ。日本は明治初期から侵略をしていたのだ」と明治政府を批判しなければなりません。私が大学院に入ったのは、平成八年ですが、そのときにはもう「国民国家を批判する自由はあるが、国民国家を批判しない議論は許されない」という掟が完成していました。歴史学界というのは、そういう全体主義と呼ぶのもおこがましい知的病人のたまり場なのです。だから大学院は「入学ではなく入院」などと小バカにされるのです。で、その知的病人たちの頭がおかしいのは、国民国家の負の面はこれでもかと針小棒大に非難するくせに、榎本のように「大和民族もアイヌ民族も同じ日本国民だ。たった一人の国民の権利を守るためならば、国家の総力を挙げる。たとえ相手が超大国のロシアであろうと一歩も引かない」という人物は無視することです。

それはそうと、たった二十年前はアメリカごとき小国に脅されていた日本が、超大国のロシアと対等の条約を結んだのです。一方的に全部とられても仕方ない力関係だったのに。外交上手のロシアを押しまくって。自分で書いていて、「日本人に生まれてよかった。ご先祖様ありがとう！」と言いたくなります。たとえ、「倉山は同じ話を使い回している」と言われようとなんだろうと、日本人として特筆大書して徹底宣伝すべきお話です。

では、なぜ榎本はこんな奇跡のような交渉が可能だったのか。一つは、榎本が国際法の使い手だったからです。国際法は単なるキレイごとでもなければ、軍事力の前では無力な無用の長物でもありません。自分の身を守り、他人を攻撃する武器です。この本質を榎本は理解していました。だからこそ、黒田清隆は榎本を「絶対に死なせてはならない」と決心したのです。慧眼でした。

もう一つ。地球儀を見て日本の立ち位置を考えていたことです。

第二節　「ビスマルク」――稀代の外交家が操る「仏露」戦略

本章では、日本にもロシアにも影響を及ぼした、ビスマルクの時代を描きます。

通説

ビスマルクは優秀な政治家・外交家だった。

そのとおりです。事実関係は、本節に書いてあるとおりです。昔は日本外交史でも、『日本外交史』全三十八巻をまとめられた鹿島守之助先生のように自分でビスマルクの本を書かなくても、外交史家ならば常識として知っておかなければ議論への参加資格を問われるような話でした。ところが、間違っているのではなく、知らない。これが一番困るのです。パーマストンのときにも述べましたが、知らないのは間違っているよりも困る。

本節では、ロシアから見たビスマルク体制を描き、それが日本にどう影響したかを考えてもらいます。

時を幕末に戻します。ロシアの大外交官・ネッセルローデは一八六二年に死去します。ライバルだったパーマストンは、一八六五年にこの世を去りました。パーマストンは晩年、プロイセンの宰相、オットー・フォン・ビスマルクを警戒していました。

それまでプロイセンは五大国の一角とはいえ、どん尻の位置でした。それをビスマルクは、英露の両超大国を脅かす地位に押し上げます。

まず一八六四年、デンマークとの普丁戦争で国境を画定しました。一八六六年、オーストリアとの普墺戦争ではドイツ地方からハプスブルク家を叩き出します。ビスマルクの国家目標は「オーストリア・ハプスブルク家を追いだし、ドイツを統一すること」でした。当時のドイツは三十近くの国に分かれていて、これをビスマルクはプロイセン中心に統一しようとしたのです。そして一八七一年、ドイツ統一を邪魔するフランスに普仏戦争で勝利します。この年、ビスマルクは、念願のドイツ帝国建国を成し遂げました。

しかし、ここでビスマルクは難局に直面することとなります。フランスの恨みを買ったことで、もしロシアと組んで挟み撃ちにされたら……。このときの露仏関係はかなり険悪ですから、当面は現実味のないシナリオですが、永遠にないとは言い切れません。

そこでビスマルクは、まず同じゲルマン民族のオーストリアとの同盟を基軸にします。前述した普墺戦争（七週間戦争）でオーストリアを叩きのめしたうえで、ドイツ帝国の建国さえ認めればそれ以上は領土も賠償金もいらないという寛大な講和を用意したのです。腹の中はともかく、オーストリアはこれを断りませんでした。ここに、オーストリアと国境紛争を抱えて犬猿の仲のイタリアを交ぜ、三国同盟を結びます。ドイツが仲介となって、墺伊の喧嘩を強制的に仲直りさせたのです。

またビスマルクは、ロシアとも交渉します。墺露もバルカン半島の勢力争いをしていますが、ビスマルクは両国に三帝同盟を提唱し、露仏を組ませないためだけに無理やり同盟に巻き込みます。

しかし、ロシアに接近しすぎると、イギリスがへそを曲げてしまいます。世界最強の超大国を敵に回すわけにも、かといって自分で同盟に参加するわけにもいきませんから、墺伊とイギリスの地中海協定を背後から援助します。「これは地中海の問題に限定した話」という名目で、同盟国である墺伊とイギリスの接近を促進し、英独の間に暗黙の友好関係を築こうとするものです。ロシアは文句を言えません。

こうしたドイツにだけ都合がよく、フランスを孤立させる国際関係が、一八七一年からビスマルクが失脚する一八九〇年まで続きます。

以上、どこの国の西洋史の教科書にも載っている話です。では、これをロシア目線で見るとどうなるでしょうか。

イギリスと戦ったクリミア戦争が敗色濃厚の一八五五年、皇帝にアレクサンドル二世が即位し、アレクサンドル・ゴルチャコフが外相として支えることになります。ゴルチャコフという人物、皇帝への忠誠心は本物でしたが、貴族特有の傲慢な性格として知られていました。

一八五六年、クリミア戦争の講和条約であるパリ条約で、敗戦国のロシアは黒海艦隊の撤廃を認めさせられました。イギリスが、ロシアを地中海に出さないという意思表示です。ゴルチャコフはフランスに接近してイギリスを出し抜こうとしますが、失敗します。何かの間違いでフランス皇帝についていたナポレオン三世という指導者が、ロシア領ポーランドでの武装蜂起を煽動するなどという意味不明な行動に出たので、とても交渉相手にはならなかったからです。アレクサンドル二世とゴルチャコフは、次にプロイセンに目をつけます。

一八七〇年の普仏戦争ではプロイセン寄りの中立を保ち、もしオーストリアがフランスに加勢しようものなら、直ちに軍事援助を行うとビスマルクに密約していました。ビスマルクのドイツ帝国建国を助けることになります。戦後、借りを返してもらおうとばかりにロシアはパリ条約の破棄を宣言し、黒海艦隊復活を実行します。イギリスは怒りましたが、勢い著しいドイツをこの時点で敵に回すのを避け、ロシアは一兵も用いることなく外交的勝利を得ました。孫子の兵法で言う「戦わずして勝つ」の見本のような話です。

ところが、復讐心に燃えるフランスが、ドイツとの再戦を決意して大軍拡をしているとの風聞が流れました。ビスマルクは、予防戦争の準備をします。予防戦争とは、「やられる前にやる。疑わしきは滅ぼせ」でやる戦争のことです。やられた側が必ず「侵略だ」と文句を言う戦争でもあります。

お調子者のゴルチャコフはイギリスを誘い、独仏の仲介をしました。ここまではいいのですが、ゴルチャコフは「俺のおかげで独仏戦争が防げたのだ」と、台風のような自慢風を吹かせたのです。これにビスマルクは怨恨を抱くようになります。

危機が煽られ始めた一八七五年四月、千島樺太交換条約の一か月前。榎本はヨーロッパ主正面だけではなく、バルカン半島にも注目していました。

バルカン半島は「火薬庫」と言われるように、日本の約二倍の狭い地域に、多くの民族がひしめき合っています。この時期は、とくにセルビア・モンテネグロとオスマン・トルコの対立が激化していました。小国のセルビアやモンテネグロのほうが領土的野心をむき出しにし、トルコもキリスト教徒を弾圧してお返しするという状況が慢性的に続いていました。そして一八七六年、ブルガリア人が大弾圧されたのを理由に、「同じスラブ人のブルガリアを弾圧したトルコを許すな！」と、セルビア&モンテネグロのコンビが宣戦布告をしてしまいました。

なんの根回しもされていなかったロシアは当惑します。セルビアとモンテネグロは「我々は汎スラブ主義を掲げている」くらいは演説していますが、そういうのは根回しとは言いません。ロシアは、案の定、セルビアとモンテネグロがトルコに返り討ちにあったのをみて、軍事介入を決意します。ゴルチャコフは、三帝同盟の同盟国であるオーストリアや、英独仏など周辺の大国にも了解を得るべきだと考えていましたが、宮廷は「キリスト教徒を虐殺しているトルコを許すな」「スラブの盟主として自信を持って振る舞え」といった強硬論が支配し、見切り発車のように対トルコ宣戦布告を行います。このときはイギリスだけに、「あくまでセルビアとモンテネグロを助けるためで領土的野心はない」と了解を取っていました。こうしておくことで、イギリスの乱入を防ぐためです。

露土戦争（何回目かは相変わらず不明ですが、普通は露土戦争といえば、この一八七七年戦争を指します）は、おおむねロシアの有利に進みます。そして、サン＝ステファノ条約で降伏に追い込みます。内容は、トルコからブルガリアを切り離し、ブルガリア大公国として独立させるということです。のちに日本が満洲国（建国二年後に満洲帝国を名乗る）をつくったのと同じです。ゴルチャコフは口先ばかり威勢がよくて、戦争ではなんの役にも立たないセルビアとモンテネグロを見捨て、バルカン半島に巨大な勢力を持つ傀儡国家をつくろうとしたのです。汎スラブ主義というお題目など知ったこっちゃありません。しかしこれにセルビアとモンテネグロが怒って、汎ゲルマン主義の盟主であるオーストリアに忠誠を誓い始めるのですから、バルカン半島はよくわかりません。

ロシアとしては、バルカンからトルコの勢力を駆逐したい、緩衝国家としてブルガリアを建てたいという思惑でした。今度は当のブルガリア人が調子に乗って、「古代ブルガリア大帝国の復活だ！」と大はしゃぎをしたため、周辺諸国に反感と猜疑をまき散らす結果になります。

イギリスとオーストリアは当然、「聞いてない！」と怒り狂い、ブルガリア大公国など撤回しろと迫ってきます。そこでビスマルクが、「私は平和主義者です。公正な仲介者です」とヌケヌケと宣言し、ベルリン会議を招集しました。前半の「平和主義者」は本当で、戦争でバランス・オブ・パワーが崩れたら、せっかく築きあげた複雑怪奇でドイツにだけ都合のよい外交関係が崩れてしまいます。また、普丁・普墺・普仏と七年の短期間に三度の戦争で世界中に実力を示しました。ドイツ陸軍の軍事力こそが平和を支えるカギだということも自他ともに認めています。

ビスマルクは会議で英露の主張をことごとく認め、独立国としてのブルガリア大公国は否認されました。ただし、主権はトルコに残したまま、ブルガリアに事実上の独立を認めるということで、ロシアは名を捨てて実をとった結果となりました。

ビスマルクがゴルチャコフに恨みを抱いていたので意趣返しをしたのだろうと言われますが、それは一面的と言うべきです。ドイツの国益にとって、ロシアの勢力がバルカンに伸び、英墺を怒らせるわけにはいきません。事実上はロシアにブルガリアを与え、イギリスにキプロス、オーストリアにボスニア＝ヘルツェゴビナを与えてバランスを取ったのです。こういう大成功は狙ってもなかなかできるものではありませんが、狙わないと絶対にできないのも事実です。

なお、榎本武揚は露土戦争の経過を逐一報告しています。ロシアがこちらの方面にかかりきりだからこそ、国際法の正論で責めたてればどうにかなると判断しました。対馬占領事件を見ればわかるとおり、ロシアは小国の話など聞かない国です。だからこそ榎本は、ロシアが強く出られないタイミングを見計らっていたのです。正論だけでも、力の論理だけでもダメということです。

さて、ロシアはベルリン会議で手痛い失敗をしました。より正確に言えば、軍事的に大勝利をしたにもかかわらず、果実の多くを取りあげられたからです。ただし、外交は単純な勝ち負けではありません。国家が滅びない限り、生き残りのゲームは続くのです。

皇帝アレクサンドル二世は怒りにまかせて三帝同盟を破棄しました。「ビスマルク、なめるな！」という意味です。今度はビスマルクがロシアのご機嫌を取らざるをえません。ドイツにとって悪夢はロシアが敵に回りフランスと組んで挟み撃ちにされる状況です。そしてロシアの外交官は、忍耐を知っています。ここでロシアの法則です。

「自分より強い国とは絶対に戦わない」です。つまり、ベルリン会議は、ロシアに対する英墺独による事実上の「三国干渉」でした。ロシアはクリミア戦争で手ひどい目にあった記憶を忘れていません（今のプーチンも、民族の記憶として忘れていません）。ロシアはいついかなるときも力の論理の信奉者ですから、勝ち目がない戦いは絶対にしません。引くときは引くのです。

皇帝はゴルチャコフを実質的に更迭し、ニコライ・ギールスに実務を担当させます。ギールスは、一八八一年にアレクサンドル二世が暗殺され、翌年に三世が即位したときに正式に外相に就任します。

ビスマルクは、普段はロシアのことを同盟国として持ち上げながら、ベルリン会議で英墺の肩を持ちました。翌日からは、また友達ヅラしてきます。ロシアは耐えに耐えて、機会を待ちます。「滅びない限り、チャンスはある」とばかりに。

一八九〇年、三十年近くプロイセンおよびドイツの宰相を務めてきたビスマルクが、皇帝との対立で失脚しました。皇帝（カイザー）ウィルヘルム二世は、親政を宣言します。

このウィルヘルム君、自信満々で陰謀好きなわりには能力が伴いません。アレクサンドル三世が露独同盟の継続を求めたのを、袖にしてしまいました。

待ちに待ったチャンス到来です。もうビスマルクの言いなりになる必要がありません。ニコライ・ギールス外相は、独墺伊との対立を極力避けるためにフランスとの同盟には慎重でしたが、ドイツに袖にされてなお、あえて協調姿勢を示したのです。ここでしびれを切らしたのがフランスで、対露借款を申し出てくれました。一八九一年、ついに露仏同盟が結ばれ、ロシアはフランスからの借款をシベリア鉄道の敷設資金にしました。ロシアは極東の清国への圧力を強化し、日本もまた圧力を被ることとなります。

その間、日本はビスマルク体制の安定下で、維新の建国事業を成し遂げました。清や朝鮮が眠り続けるのを横目に必死になって富国強兵を成し遂げます。強くならなければ生き残れないからです。

一八九四年（明治二十七年）、日清戦争が勃発します。予想外に清国はもろく、日本の圧勝で終わります。下関条約で二億両の賠償金のほかに、台湾と澎湖諸島、黄海の要衝である遼東半島も獲得しました。日本は、「これで一人前の国になった」と官民挙げて沸き返りました。

ところが、陸奥宗光外務大臣だけは危惧していました。

第三節 「日露戦争」——桂と小村が仕掛けた対独包囲網

陸奥宗光は懸念していました。仮に清国との戦争に勝てたとしても、ロシアが介入してこないはずがない、と。そして、とてもではないがロシアに勝てないことは、元老をはじめ政府高官や軍人・外交官の全員が認識しています。

だからこそ下関会議で、かなり吹っかけたのです。どうせ巻き上げられるなら最初に大きく取っておけ、というわけです。

案の定、ロシアはヌケヌケと「友人として東洋平和のために勧告する。遼東半島は清国に返せ」とか言いながら干渉してきました。世に言う三国干渉です。ところが、日本政府はその三国に唖然としてしまいます。ロシアは当然。その同盟国のフランスもわかる。ここまでは、ある種の計算どおりでした。しかし、なぜドイツが?

首相の伊藤博文は、もしかして駐独公使の青木周蔵が何かしでかしたのかと疑いました。当然、青木には何の落ち度も心当たりもないので、憤慨します。

日本は、どの一国にもかなわないので、要求を受け入れます。遼東半島返還の代わりに賠償金額を上乗せすることで手を打ちました。しかし、解せないのはなんの恨みも買っていないはずの、むしろ近代化の手本として尊敬の念を示して交際していたドイツです。

真相はすぐにわかりました。ドイツは日本をエサとして、ロシアに投げ与えたのです。

つまり、ドイツは自分で独露条約の更新を拒否しておいて、いざ露仏同盟が成立すると「挟み撃ちにされるではないか！」と怯え始めます。そこで、「そうだ、ロシアがバルカンに目を向けるから我が同盟国のオーストリアと衝突するのだ。極東に目を向けさせればよいのだ」といって、日露の対立を煽るべく、三国干渉を提唱したのです。

イギリスは「我が国は光栄ある孤立を国是としている」などと居丈高に断り、アメリカも背を向けます。なぜかドイツの同盟国のイタリアが、「このような不正義、許されるべきではない。もし日本が望むならば我が国は東洋に艦隊を派遣する」と申し出てくれました。昭和のアホ外交官なら飛びつきかねませんが、高平小五郎駐伊公使は丁重にお断りしています。

日清戦争で沸き返った世論は、三国干渉で「臥薪嘗胆」を合言葉にします。「十年後に復讐するぞ」とでも言っておかなければ、「今すぐ対露開戦！」とか言いだしかねないのが当時の世論です。

伊藤博文、山縣有朋、井上馨、黒田清隆、松方正義、大山巌、西郷従道といった元老たちは、三国干渉の真の黒幕がドイツであることを察知しながらも、隠し通します。

なお、ロシアのアレクセイ・ロバノフ＝ロストフスキー外相は、とくにドイツに操られたとは思わなかったようですから、ドイツの策謀はこの時点では成功していました。ギールスを継いだこの外務大臣、日本の高校教科書では「山縣＝ロバノフ協定」という用語で覚えさせられる人です。このころからロシアでは任期短命の外相が続きます。

日清戦争で、清国が眠れる獅子ではなく、ただ図体がでかいだけのブタだとばれてしまいました。列強は清国を草刈り場にしていきます。朝鮮はさっさと宗主国を乗り換え、ロシアに忠誠を誓います。国王の高宗がロシア公使館に引きこもってしまったり、軍隊を招き入れたり、日本としては、なんのために朝鮮から清を追い出したのかわかりません。

一八九九年（明治三十二年）から一九〇一年にかけて、清国で義和団の乱が起こり、日露英米仏独墺伊の八か国連合軍が鎮圧する北清事変が発生します。ロシアは事変終了後も、満洲に居座ります。清国の宰相である李鴻章が、秘密同盟を結び、ロシアの駐留を認めたからです。要するに賄賂をもらって国を売りとばしてしまったのです。満洲は清朝父祖の地ですが、漢民族である李鴻章にとっては他人のものですから、どうでもよいのです。

日本としては、「自分以外は全部ロシア！」の窮地です。

ここでまたもや、よからぬ陰謀を企んだのがウィルヘルム二世です。カイザーは、まずイギリスに対して清国における権益をお互いに確保すべく揚子江協定を申し出ます。いきなり暴徒が動乱を起こし、清国政府が便乗して戦を仕掛けてきてはたまりません。カイザーは、これに日本も交ぜようと言いだします。そして、日英が緊密さを増したところで、自分はさっと手を引きました。

ただでさえ英露は百年間も世界中で角逐しているのです。一九〇二年、日英同盟の成立により、英露関係は緊張します。イギリスはロシアの同盟国フランスとも世界中の植民地で抗争を繰り広げていましたから、「日英vs.露仏清」の大戦争もありえたのです。あ、朝鮮から名前を変えた大韓帝国も数えて、「日英vs.露仏清韓」にしておきましょう。

一九〇三年、ロシアは後顧の憂いを絶つべく、バルカン問題で同盟期間中も対立していたオーストリアと手を組み、共同でオスマン・トルコに改革を求めるという姿勢を取りました。オスマン・トルコ領マケドニアでは、キリスト教徒への弾圧が続いており、紛争の種でした。紛争はバルカン半島全体に飛び火し、セルビア国王が軍のクーデターに巻き込まれて暗殺されるという事件まで起きています。ロシアは、ロシアの法則「二正面作戦をしない！」を発動させたのです。

これを知った小村寿太郎外務大臣は、「ロシアは必ずこっちに来る！」と判断します。ロシアは二正面作戦をしない以上、バルカン半島が落ち着いたら極東に来るに決まっています。しかも無理やり宿敵と手を組んでいるのだから、本気でつぶしにくるに決まっている。日露開戦の前年、四月八日のことです。

翌一九〇四年二月六日の開戦まで、日本政府の指導者は生きた心地がしなかったでしょう。民間の連中は好きなことを言います。とくにひどかったのが、自由民権の系譜をひくマスコミと東京帝国大学です。「今すぐサンクトペテルブルクに攻め込め！」とはさすがに言いませんが、「シベリア鉄道をぶった切ってしまえ！」と絶叫していました。「どうやって?」と言いたくなるのですが、むしろ政府や軍の上層部は慎重で、民間のほうが強硬論だったのです。

桂太郎首相や小村寿太郎外相は早々と覚悟を決め、戦争準備に入ります。しかし筆頭元老の伊藤博文は最後まで和平を探ります。陸海軍力で劣り、財政の裏付けがないことを知っているからです。日本政府はロシアに必死の思いで和平を提案します。「満洲はいい。韓半島から全面的に出ていけとは言わない。しかし、せめて三十九度線より南には来ないでくれ」と最後の譲歩案を出しました。

この間の交渉で、ロシア極東総督のエヴゲーニイ・アレクセーエフは日本の申し出をすべて、はねつけます。「なぜ黄色いチビザルの話を聞かねばならないのだ」という態度です。現地のアレクセーエフが日本をどんどん挑発するので、遠い宮廷の和平派の意見は届きません。日露戦争はすべての原因がコイツのせいとは言いませんが、大部分はコイツ一人です。なお、皇帝ニコライ二世は日本との開戦に消極的だったと言われますが、友好的だったのではなく、単なる時期尚早論です。

通説

日露戦争はなぜ起きたのか。皇帝は戦争をする気がなかったのに、日本が読み間違えたために悲劇が起きた。

これ、通説と言っていいのかなあ。たいていの大学教授や院生は「まさか」と内心で思っていても、自分の専門分野じゃないからまあいいか、と右から左です。要するに他人の話を聞かないので、「これは私の縄張りだ。俺が世界で一番詳しいんだ」と言い張る人がいれば、誰もツッコまないのです。そうすると、お互いに攻撃されずに済みます。では、「真剣な議論は?」「学問の発展は?」と疑問に思ったあなた、世間知らずにも程があります。そんなファンタジーが実在するなら、私は学界に背を向けていません。

やたらと肩書だけは偉い教授殿が、皇帝の回顧録とかを持ち出して、「ほら、先に仕掛けて戦争を起こした侵略者は日本だ。ロシアの側は平和を望んでいたのだ。ニコライ二世こそ憲法九条の精神を体現していたのだ」などとのたまう話が実在するのですが、修業時代に「住む世界を間違えたかな」と激しく絶望したものです。

しょうがないので、四十年前の通説を取りあげておきましょう。

通説

弱肉強食の帝国主義の時代、日露の利害がついに衝突した。日本は勝てるはずのない戦いを生き残るべく、必死で戦う。

昔の通説のほうがマトモです。より深いところを見ていきましょう。

一九〇四年（明治三十七年）二月、これ以上交渉を引き延ばしてもロシアに時間稼ぎの時間を与えるだけだと判断した日本は、開戦します。

日清戦争と同じく、黄海の制海権が重要です。開戦劈頭、旅順港に突撃し多大な犠牲を払いながらロシアの陸海軍を封じ込めました。

連戦連勝を続け、敵が疲れたところを和平に持ち込むしかない。元老と政府首脳は、開戦初頭から布石を打っていました。伊藤博文は娘婿の末松謙澄をイギリスに、アメリカへはハーバード大学でセオドア・ルーズベルト大統領と同窓だった金子堅太郎を送り、高平小五郎駐米公使と協力して工作に当たらせます。

金子は主に世論喚起のために「日本はなぜ立ち上がったのか」という講演旅行を行い、高平はホワイトハウスに通い詰めて、ルーズベルトの真意を探ろうとします。格闘技界で有名なグレイシー柔術は講道館出身の日本人が始めましたが、彼らをルーズベルトに引き合わせ日本文化を紹介したのも高平です。高平は「大統領は聡明で日本に理解のある人物である。戦況が有利となった時点で仲介を依頼できる可能性がある」と長文の自筆公信を送っています。

司馬遼太郎という『嘘だらけの司馬史観』とか『大間違いの「坂の上の雲」』とか、『間違いだらけの司馬遼太郎』という本を書いてしまいたくなる小説家がいます。司馬なる人物は、高平のことを無能でエリート意識だけは高い語学バカ呼ばわりしていますが、まったくの誤解です。高平の仕事は外交史料館に一次史料として保存されていますが、高平関係の一次史料を世界で一番めくったであろう私が、ここに高平の名誉を守りたいと思います。高平は無能ではありません。

民間歴史家の平野恵一さんが高平小五郎に関して何冊も本を出しているのでご参照ください。平野さんはアメリカまで史料渉猟されて突き止めたのですが、高平に叱られて逆恨みした部下が回顧録であることないこと書いたら司馬遼太郎が信じてしまったというのが実情です。司馬の時代は外交史料の公開と整理が不十分だったので、同情の余地はありますが、と一応は弁護しておきます。

話を戻すと、当時の日本のエリート層は皆そうであるように、高平はまさにワールドワイドな視点を持った外交官でした。

ロシアはバルト海からバルチック艦隊を東洋に差し向けます。同盟国のイギリスはこの航海をことごとく邪魔してくれました。さすが世界一悪賢い民族、嫌がらせをさせたら世界一です。頼もしいことこのうえない。バルチック艦隊はへとへとに疲れてしまいますが、それでも大きな事故を一つも起こさないで対馬沖までたどり着いたのは称えてやりましょう。勝ち戦なのですから、勝者の余裕で。

バルチック艦隊がウラジオストクに合流するまでに、遼東半島からロシア軍を追い出す。そのためには黄海から日本海にかけて制海権を押さえる。日本軍は各地で多大な犠牲を払いながら、連戦連勝を続け、ついには奉天会戦で南満洲からロシア軍を追い返しました。一九〇五年（明治三十八年）三月十日、この日は後に陸軍記念日となります。

日本の戦争目的は「朝鮮半島三十九度線より北にロシア軍を追い返すこと」です。この戦況を維持すれば、勝利確定です。しかし、もはや日本陸軍には弾薬が尽きていました。追撃したくてもできないのです。やむなく銃剣突撃を繰り返すことになり、よくも悪くも「日本軍の勇猛さの象徴」のように喧伝されるのですが、内情は苦し紛れでした。多少のむちゃをやっても、弾薬が尽きていることを悟られたら終わりだ。元老にして陸軍元帥の大山巌の非情の決断です。そして大山は満洲軍総司令官の資格で和平を具申します。

時を同じくして、ロシア国内では、革命が勃発しました。戦争で困窮した庶民が暴動を起こしたのです。過激派だけでなく、ロシアに痛めつけられた民族主義者が武器を持って立ち上がりました。これにはいまだに世界中のスパイから称えられている明石元二郎の工作がありました。明石は民族主義者と粘り強く交渉し、多額の活動資金を渡し、彼らの信用を勝ち得て、ついに決起せしめたのです。

満身創痍のロシアは、回航中のバルチック艦隊がウラジオストクに合流することに最後の望みを懸けました。

これを迎え撃つのは、東郷平八郎連合艦隊司令長官です。東郷は、疲れきったバルチック艦隊は遠い太平洋を迂回するのではなく対馬沖を通ると確信し、ここで迎え撃つと決めました。日ごろから「丁字型戦法」を訓練し、ロシア海軍全滅の作戦を練っていました。すなわち、敵の直前で回頭し、左右に散って、相手の先頭に一斉砲撃を加えるという戦法です。ただし、この作戦は左右に散って止まった瞬間、こちらが砲撃する前に敵の砲火で全滅する危険があります（動いている最中に撃たれる危険について述べている書物も多いですが、誤りだとか。そういえば、ハエ叩きだって止まってからじゃないと当たりません）。

結果。日本軍の完勝でした。大雑把に、日本軍の損失はボート三艘。ロシア軍はボートよりはマシな船が三艘だけ無事、戦艦はもれなく全滅、という世界史にも類例がないパーフェクトゲームでした。

よく、西のネルソン、東の東郷と称えられますが、日本人が言うのはどうなのでしょうか。ナポレオン戦争におけるネルソンは、確かにフランス海軍を地中海から出さず、ブリテン島上陸の機会を永遠に奪った名将です。トラファルガー海戦で、ナポレオンは永遠に勝利を失いました。しかし、そこから戦争は十年も続いているのです。

かたや、東郷の日本海海戦は、バルチック艦隊を完全殲滅しています。それ以上に、ロシアの継戦意欲を奪い、講和に結びつけました。ネルソンこそ「西の東郷」であって、東郷は「世界史最強の提督」と呼ぶべきです。そう教えていない国は、日本くらいです。さすがに海上自衛隊では教えていますが。

日本海軍創設に命を懸けた坂本龍馬や勝海舟が明治三十八年まで生きていたら、どのような感慨を抱いたでしょうか。あるいは小栗上野介だったらどうでしょうか。榎本武揚はギリギリ間に合いました。佐幕派と討幕派に分かれていても、多くの日本人がこの日を信じて戦ってきました。江戸時代以来の悲願は「ロシアの脅威に勝つ！」ことです。

最後の総仕上げがポーツマス講和会議でした。高平や金子の根回しが効きました。最初はアメリカごときの仲介など受けられるかという態度でしたが、日本海海戦でバルチック艦隊が全滅したとの報を受けると、観念したかのように交渉のテーブルに着きました。全権大使は、セルゲイ・ウィッテ。対日戦争にもっとも反対していた人物です。こういうことはよくあることで、そもそも日本相手に油断していたほかの無能者よりは、手強い人物ということです。

我が国全権は高平小五郎駐米公使とともに、小村寿太郎外相が自ら乗り込みました。横浜港から船で民衆に見送られるとき、首相の桂太郎は泣きながら見送ったと言われます。今、歓呼の声を上げている民衆は、小村が帰国したときには敵意をむきだしにするだろうと、二人ともわかっていたからです。

一方のウィッテもハチャメチャな訓令をもらっていました。「賠償金はいっさい払うな。領土の割譲などもってのほか。そのほかエトセトラ……」。とても敗戦国の自覚があるとは思えない訓令です。よほど負けたのが悔しかったのでしょう。しかも白人が黄色人種に負けるなど。

ウィッテは敗戦国とは思えないほど傲岸な交渉を繰り広げることになります。ウィッテ自身が、こんなむちゃくちゃな交渉をしたら日本が席を立ち、戦争が再開されてロシアは亡国となってしまう、と内心では怯えていました。

ところが、ポーカーフェイスを通した小村は、和議を受け入れました。ウィッテは狐につままれたような気分になるとともに、ほっと胸をなで下ろすこととなります。賠償金はいっさい支払うことなく、領土の割譲は樺太南部だけで済みました。

ここを指して、日本の外交史家は「ウィッテが勝った。小村は負けた」と評価を下しています。これは当時の民衆も同じでした。怒り狂った民衆は、日比谷焼き打ち事件を引き起こし、小村の家を焼いてしまいました。当時の民衆はともかく、後世の歴史家が同じレベルでは困ります。

日露戦争は、当たり前ですが、日本の勝ちです。完勝です。

戦争目的である「朝鮮半島の三十九度線より北に追い返すこと」は達成しました。日露戦争後、南満洲は日本の勢力圏となります。これにより、大日本帝国に喧嘩を売れる国はなくなりました。セオドア・ルーズベルトなどは「日本に勝つには、イギリス海軍とドイツ陸軍を連れてこなければならないだろう」と評価しています。どんなに控えめに言っても、日本列島を侵略できる国は地球上に存在しなくなった、とは言えるでしょう。その能力と可能性がもっとも高かったロシアを破ったのですから。

何より小村がすごかったのは、弾薬が尽きていることを隠し通したことです。もし露見していたら、ウィッテのほうが即座に交渉を打ち切り、ロシア軍は日本軍への逆襲を仕掛けていたはずです。よく、ロシアは北樺太までは譲渡を覚悟していた、それを見抜けなかった小村は失敗した、と言われます。では、ウィッテは？

外交とは戦いです。戦いにおいては錯誤の連続です。お互いの手の内を隠し合って戦うのです。それでも戦後しばらくは、「小村外交史」は外務省の金字塔でした（そういう名前の本もあります）。小村がさらにすごかったのは、ここからです。

ポーツマス条約締結後、二年はロシアの復讐戦を警戒することとなります。いくら弾薬の生産が回復しても、日本にとってロシアは簡単に勝てる相手ではありません。とはいうものの、日露戦争で、北満洲はロシア、南満洲と朝鮮は日本のものと勢力圏が線引きできました。もう、戦う理由がありません。ロシアは再びバルカン半島に目を転じます。

また、日露戦争開戦前から、日露それぞれの同盟国である英仏が協商関係の構築に向けて交渉を開始していました。

一九〇七年は「協商の年」と言われます。日露、日仏、英露の協商が成立したからです。日英同盟と露仏同盟が結びつきました。

気づきましたでしょうか。ドイツを包囲しているのです。

英仏露の三国協商と独墺伊の三国同盟が対立したなどと言われますが、それはあまりに近視眼的です。小村は日本中心の対独包囲網を敷いたのです。

ついでに言うと、日露戦後に関係が一時悪化したアメリカとは、高平小五郎がルート国務長官と高平・ルート協定を結び、友好関係を維持しています。

日本だけが安全地帯にいるのです。

日清戦争の果実をカイザーの陰謀により取り上げられ、あやうくロシアの餌にされそうになった日本は、しかし、それをはね返し、見事なまでの倍返しを行いました。

ここからの十年間は、日露の関係がもっともよかった時代になります。

第六章　ロシアをつぶしたソビエト連邦

主な登場人物

石井菊次郎（一八六六年〜一九四五年）　外務大臣。もはや「嘘だらけシリーズ」のレギュラーメンバー。名外交官。

ウラジミール・レーニン（一八七〇年〜一九二四年）　ソ連の独裁者。共産主義を本当に実現してしまった殺人鬼。

アレクサンドル・ケレンスキー（一八八一年〜一九七〇年）　ロシア臨時政府の首相。ロシア革命でロマノフ朝を倒すが、実は砕氷船にされていた……。

カール・マルクス（一八一八年〜一八八三年）　思想家。共産主義などという幼稚極まりない思想を世界中に振りまいた。

原敬（一八五六年〜一九二一年）　首相。本文では書かなかったが、「西にレーニン、東に原敬」と揶揄された。

ウッドロー・ウィルソン（一八五六年〜一九二四年）　第二十八代アメリカ大統領。人類の不幸を一人でつくったリアルトラブルメーカー。

レオン・トロツキー（一八七九年〜一九四〇年）　思想家・革命家・軍人。レーニンの片腕。ロシア革命戦争で大活躍も、スターリンに粛清される。

北一輝（一八八三年〜一九三七年）　職業革命家。右翼だと思われているが、言動は不敬罪の塊。二・二六事件の黒幕。

第一節　「バルカン戦争」——小国の思惑に振り回される大国

一九〇七年（明治四十年）は非常に重要な年です。前章でお話ししたように、日英露仏の四国協商が独墺伊の三国同盟を包囲するかたちになっています。しかも、日本だけはロシアの後ろに隠れて「十年間何も考えなくてよい」という平和を満喫しました。本当に何も考えなかったので、十年後にロシア革命が起きたときにまともな対応ができなかったというオマケがつくのですが。日本人は日露戦争に勝利し、緊張感がなくなってしまったのです。幕末から五十年ですから、それも仕方がないことなのかもしれません。

そして一九〇七年から第一次大戦が始まる一九一四年までの時代を、こんにちの歴史家はどう評しているでしょうか。

通説

日露戦争後、日本の勝ちすぎを喜ばない英米との間に溝ができた。辛亥革命前後で揺れる中国問題で、日露と英米は対立するようになる。ロシア革命で帝政ロシアが転覆すると、日本は孤立の道を歩むこととなる。

これに嘘があるかと問われれば、ありません。しかし、これでよしとすると歴史を見誤ってしまいます。嘘はないけれど、歴史の全体像を正しく説明しているかといえば、甚だしく不十分です。嘘を言わないのは当たり前として、そのうえで、本当に大事なことを言わないというのは、これもまた正しくはありません。

この通説だと、世界でもっとも重要なのは中国問題で、日本はロシアとの友好にのめり込んだから孤立した。もっとさかのぼれば、日露戦争で日本が大勝したから、アングロサクソン様のお怒りを買ったという、卑屈な認識に至りかねません。実際、ここ三十年ほどの外交史の教科書って、そんなのばかりです。嘘を書いて間違った歴史認識に至るとは限らず、もっと大事な事実を書かないことで、間違った認識を植えつけることのほうが、よほどタチが悪いのです。どういうことか見ていきましょう。

十九世紀のウィーン体制以来、世界の五大国は、英露仏墺独です。これに新興のアメリカと日本が続きます。イタリアを大国に数える場合もあります。この中で、英仏露の三国協商と独墺伊の三国同盟は、バルカン問題でにらみ合っていました。英仏はイタリアを引き抜こうとし、独墺は「ヨーロッパの病人」と言われながらも広大な領土だけは維持しているオスマン・トルコ帝国との提携を深めていきます。

一九〇八年、オーストリアのアロイス・レクサ・フォン・エーレンタール外相は三国協商を出し抜く暴挙に出ます。保護領にしていたボスニア＝ヘルツェゴビナを併合したのです。「バルカンに覇権を唱える国は私よ」というわけです（なぜか女言葉ですが、オーストリアは「カトリックの長女」なので、そういうイメージなのです）。ボスニア＝ヘルツェゴビナはすでにオーストリアが軍事占領していたのですが、「実だけでなく名もよこせ」というわけです。現代でいえば、在日米軍が支配している日本を、アメリカが正式にテリトリーに編入するようなものでしょうか（書いていて情けないたとえですが）。

これに隣接するセルビアが反発し、ロシアが助太刀したことで墺露関係が決定的に緊張します。そして、当のセルビアはトルコに喧嘩を売るという、自分で書いていてもよくわからないのですが、意味不明な状況がバルカン半島で発生します。

アメリカは南隣のメキシコが動乱状態なので、アメリカ大陸の外に目を向けられません。第二十六代大統領セオドア・ルーズベルトの末期、第二十七代ウィリアム・タフト、そして私があちこちで「狂人」と触れ回っている第二十八代大統領ウッドロー・ウィルソンでさえも、この時点で日本と本気で戦争しようなどとは考えていません。メキシコに火がついている状況で日米の対立はありえないのです。ところが、日本近代史研究者は、「新聞でこう言っている」「外交文書では……」みたいな話の持っていき方をしますが。

中国問題を最重要課題だと思っているのは、日本だけです。ロシアだって、日露戦争の敗北で、最重要地域を満洲ではなくバルカンに変えています。間違っても「日本と組んで英米と戦争」などという意味不明な行動には出ません。大体、通説（つまり日本近代史研究者の多数）は、日英露の三国が同盟国だということを忘れているのです。

細かい事実だけを取り出すばかりで全体像を見失うのは、あからさまな嘘よりもタチが悪い、とはまさにこのことです。

一九一〇年（明治四十三年）に日本が韓国を併合し、南満洲経営の橋頭堡とします。翌年に辛亥革命が勃発し、一九一二年には清朝が転覆して中華民国が建国されます。ところが、国とは名ばかりの動乱状態に突入します。日本は目の前に危険が迫っているのですが、致命的な失敗はしません。陸軍は大陸経営に積極的ですが、政府全体では「ノータッチというタッチ」の範囲です。情報と人脈は常に確保するが、必要以上に軍事的あるいは経済的な介入を行わないということです。「ノータッチというタッチ」とは、「嘘だらけシリーズ」で常に悲劇の外交官として登場する石井菊次郎が主唱したことを、私がこう呼んでいるだけです。石井が政権の中枢にいた時期は短いのですが、辛亥革命勃発時に外務次官だった石井の路線は、二十年間守られます。

日英露の大陸の権益は錯綜し、アメリカが「門戸開放、機会均等」とかわけのわからないことを叫びながら「俺にも利権をよこせ」と言いだして白眼視されますが、しょせんは経済的対立であって、軍事的には日英露は同盟国です。そもそもアメリカなど、「お前はメキシコを片付けてから、顔を洗って出直してこい」で終了です。

また、英露にとって中国問題はしょせんマイナー問題です。

三国同盟の盟主はドイツですが、その指導者のウィルヘルム二世は敵をつくる名人でした。すでに露仏同盟と日英同盟の双方を敵に回した過程は説明しています。今度はカイザーがイギリスに対して「建艦競争」を挑み始めました。イギリス海軍と同じだけの艦隊を保有すると宣言したのです、世界に冠たる大英帝国の覇権に、明確に挑戦し始めたのです。これにイギリスのみならずドイツの隣国、フランスも危機感を抱きます。

ヨーロッパでは、建艦競争をめぐり英仏とドイツが対立し、バルカン問題では墺露が対立します。

そして一九一二年、第一次バルカン戦争が勃発しました。ブルガリア・セルビア・モンテネグロ・ギリシャのバルカンの小国連中（バルカン同盟）が、オスマン帝国に喧嘩を売りました。イタリアがリビアの領有をめぐり伊土戦争を仕掛けていた間隙をぬったのです。大方の予想に反して、バルカン同盟が勝ちに勝ちました。バルカン同盟に隣接するマケドニアをトルコから分捕ろうという話になりました。この分け前をめぐり、ブルガリアとほかの国がもめ、さらにルーマニアまでが「アタシは中立を守ってあげたんだから分け前をよこしなさいよ」などと乱入して話をこじらせます（ルーマニアは、「ローマ人の国」というラテンの国で、末っ子みたいなものなので、女言葉で構わないのです。末っ子は一人っ子よりわがままと古今東西決まっているものです）。

一九一三年、第二次バルカン戦争が始まります。セルビア・モンテネグロ・ギリシャにルーマニアとトルコまで加わって、ブルガリアに対してリンチを加えるという戦争でした。英仏露独墺伊の六か国は必死になって早期和平をまとめます。バルカンは火薬庫ですから、どこにどう飛び火していくかわからないからです。

この戦いの結果、第一次戦争で敗れたトルコと、第二次戦争の敗者のブルガリアが、独墺に接近します。セルビアなどはロシアの傘下にはせ参じます。といっても、頼られるロシアにとって大迷惑な話です。俗に「バルカン外交」という言葉があり、小国が大国の間を巧みにわたっていくさまを表現した用語ですが、ブルガリアなど、ロシアのおかげで独立したのに、いつの間にか敵側のオーストリアについています。逆にセルビアは、オーストリアを見限ってロシアにつく有様です。

第二節　「第一次世界大戦」――同盟の玉突きで戦火拡大

とりあえず、日本近代史の専門家を名乗る者が言っていることをまとめましょうか。

通説

ヨーロッパの火薬庫と言われるバルカン半島でセルビアの一青年がオーストリアの皇太子を暗殺したことがきっかけで第一次世界大戦が起こった。

教科書でよく見る記述ですが、少しヨーロッパの歴史をかじった人間からすると「あのなあ」としか言いようがありません。「本当に意味わかってんの?」です。あえて揚げ足取りをすると、殺されたのは皇帝の甥であり皇太子ではなく皇儲です。皇太子は皇帝の息子の場合だけの呼称です。それ以外はとくに事実関係に誤りはないのですが、日本の運命をも変えた重大事件にもかかわらず、これだけで意味がわかるのでしょうか。

バルカン政治の特徴は、小国の思惑に大国が引きずられて、宗主国どうしが大喧嘩をしかねないという危うさにあります。

一九一四年六月二十八日、オーストリアの皇位継承者であるフランツ・フェルディナンドがセルビアのテロリストに暗殺されました。この六月二十八日はセルビアでは「聖ヴィトスの日」といって、彼らの記念日です。いわば、日本の皇太子が三月一日に韓国でパレードするようなものです。三月一日は韓国にとって独立運動記念日ですから、いくらなんでもそんな日は避けるでしょう。ところが、オーストリアはそういうことをやったのです。

皇儲殿下のフランツ・フェルディナンドさん、セルビアなどの民族主義に理解があったので（そういう人物を殺すなよ、と言いたいところですが）、宮廷では嫌われていました。宮廷の連中は喝采をあげたいのをこらえ、これ幸いとばかりに最後通牒をセルビアに突きつけます。このとき、ドイツのウィルヘルム二世はオーストリアに白紙委任をしているのですが、その白紙委任した最後通牒の内容が、セルビアに主権国家であることをやめろと言わんばかりの内容でした。セルビアは「さすがに、犯人の裁判にオーストリア人を入れろという項目は勘弁してください。犯人はちゃんと死刑にしますから」と回答したのですが、これにオーストリアは「不誠実だ！」と宣戦布告をしてしまいます。

セルビアはロシアに助けを求めました。ロシアの介入はドイツにとって脅威です。ドイツは、先にフランスを攻め落とし、取って返してロシアを叩こうとします。中立国のベルギーを通って、フランスになだれ込みました。ところがフランスは意外に手強く、反対にロシアはガタガタでした。イギリスはフランスとベルギーを守るために参戦します。こうした不幸な（マヌケな）連鎖により、第一次大戦が勃発します。我が日本にも、同盟国のイギリスから参戦要請が来たり、「やっぱりいいや」と断られたり、「なんで来ないんだよ」と逆切れされたりという間抜けな一幕がありました。

つまり、セルビア＝ロシア＝フランス＝イギリス＝日本という同盟の玉突き連鎖で戦争が波及したのです。バルカン半島は、紛争のホワイトホールのようなものです。

この戦争はやっているときから〝第一次〟世界大戦などという呼び方をするはずがありませんから、ヨーロッパでは、単に大戦（Great War）と呼ばれていました。日本での呼称は欧州大戦です。「世界」ではなく「欧州」という呼称が実態をよく表しています。

というのも、陸軍は青島をはじめ、中国からドイツを駆逐します。海軍は南太平洋のドイツ領を全部占領してしまいます。あげくは英仏から「こっちも助けてくれ」と頼まれたので、地中海くんだりまで出張り、我が帝国海軍はカナダから地中海までを守りました。

大西洋ではドイツは潜水艦を使って英仏を苦しめましたが、日本の縄張りでは全戦全敗です。つまり、日本海軍が強かったから、欧州大戦を世界大戦にさせなかったのです。

さて、全体像を確認したところで、本題のロシアです。

ドイツはフランスには苦戦しますが、ロシアを圧倒します。一九一四年八月十七日から九月二日にかけてのタンネンベルクの戦いで、パウル・フォン・ヒンデンブルクとエーリッヒ・ルーデンドルフに率いられたドイツ軍にロシア軍は完敗します。

もし、ロシアがドイツに滅ぼされてしまったら……。日本人が危機感を抱くのは当然です。日本政府は、対露政策をめぐり悩みます。一九一六年（大正五年）、日露協商は更新されましたが、その内容は日英同盟と同様の強固な同盟でした。では、どこまで支援するか。もっとも強硬だったのは、「嘘だらけシリーズ」で毎回のように悲劇の外交官として登場する、我らが石井菊次郎です。

石井は一九一四年の大戦開始時には駐仏大使として第一報を伝えました。

イギリスのエドワード・グレイ外相に対して七年戦争の故事を引き、「ロシアが離脱すると戦線は崩壊する」と訴えました。西部戦線は英仏がドイツと押し合いへし合いをしていますが、東部戦線ではロシアが苦戦し、皇帝ニコライ二世が親征して支えるという有様でした。ロシアが離脱すれば、ドイツは全兵力を西に向けることができます。これに対してグレイは「七年戦争のときはツァーリが一人で決められたが、今のロシアにはドゥーマ（議会のようなもの）があり、国全体で決めるのでそうはならない」と答えました。「お前、本当にイギリスの外交官か？」とツッコみたくなる間抜けな返答です。

石井は、一九一五年ロンドン宣言への加入を推進します。ロンドン宣言とは、英仏露がイタリアに三国同盟を裏切るように抱き込むとともに、単独不講和を誓った宣言です。ここに、日本も参加しました。これは、「一緒に最後まで戦う」という意味です。戦後のヴェルサイユ会議では日本は五大国の一つとして招かれるのですが、ロンドン宣言で覚悟を示し実行したというのが大きいのです。

外相に就任した石井は、日露協商を更新します。中身は、日英同盟と同様の軍事同盟です。日本政府の中でもっとも強硬に対露援助を主張したのは石井です。筆頭元老山縣有朋ら陸軍のほうが「そこまでのオーバーコミットメントは……」と尻込みするような主張だったので、石井の意見は通りませんでした。確かに現実的には、山縣らのほうに説得力があったのですが、その後のロシア革命に伴うシベリア出兵（干渉戦争）ではそれどころではない甚大なコストがかかることになるので、結果論としては石井の主張のほうが正しかったことになります。

ついでに、大戦末期に参戦したアメリカ合衆国にはウッドロー・ウィルソンという聞き分けのない大統領がいました。ヨーロッパ中の首脳と外交官がコイツのわがままに振り回され、駐米大使に転じていた石井はウィルソンと仲の悪かったロバート・ランシングと石井・ランシング協定を結んできます。アメリカが「門戸開放・機会均等」を主張することを認める代わりに、日本の満蒙権益を承認させるという内容です。日本を満洲から叩き出そうとしていた反日親中アメリカ人は歯噛みして悔しがりましたが、「ざまあみろ」と言うしかない外交的大勝でした。こんなすごい外交官がなぜ無名なのか。日本人が自信を持ってしまうので学校では教えたくないからです。

しかし、石井の活躍はここまでです。以後、彼は常に正論を唱えるのですが、呪いにかかったかのようにその主張は何一つ通らなくなります。

第三節　「ロシア革命と干渉戦争」――共産主義国家の誕生

ついに恐れていたことが起きました。ロシア革命です。

日露戦争敗北後、皇帝ニコライ二世はさまざまな改革を行いますが、すべて失敗します。

宮廷ではラスプーチンという怪しげな医者だか呪術師だかよくわからないような人物が皇帝一家に取り入り、政治を左右していました。ラスプーチンは「怪しげな側近」の代名詞のようなもので、日本では白洲次郎や佐藤優が「吉田茂のラスプーチン」「外務省のラスプーチン」などとたとえられています。まったくの余談ですが。

世界中で今でも古典として読まれている教科書に、カール・フォン・クラウゼヴィッツの『戦争論』があります。その中でクラウゼヴィッツは、「ロシアは軍事的には倒せない。内部崩壊をさせねばならない」と述べています。ドイツはこれを実行しました。

亡命中だった革命家のウラジミール・レーニンを列車に乗せて送り込んだのです。世に言う「封印列車」です。果たして、一九一七年三月に革命が勃発します。

アレクサンドル・ケレンスキーを中心とする社会革命党主導で帝政ロシアが打倒されるのですが、政変が相次ぎ収拾がつきません。何よりも、ドイツとの戦争を終わらせるのか否かが争点でした。皇帝の政府は英仏との信義を優先し、国民生活が困窮しようとも戦争を継続したため、耐えかねた人々が政府を転覆したのです。ケレンスキーは、「対独一撃」を加えてから有利なかたちで和睦しようとしていました。しかし、ロシア軍にその力はなく、かえってドイツ軍に蹴散らされて軍部の恨みが政府に向くという体たらくです。

十一月、満を持してレーニンは武装蜂起しました。たちまちケレンスキーの政府は駆逐されます。これを「砕氷船のテーゼ」と言います。つまり、皇帝の政府をケレンスキーに打倒させ、さんざん噛み合わせて疲れきったところを、一網打尽に踏みつぶすということです。巨大な氷を砕氷船で砕かせた後に船が進む様子にたとえ、こう呼ばれています。

レーニンが政権樹立後にやったことは二つ。一つは、皇帝一家の大惨殺です。レーニンは、皇帝一家が飼っていた馬まで殺すという徹底ぶりでした。もう一つがブレストリトフスク条約で、ドイツに降伏したことです。

ドイツと戦っている英仏など連合国にとっては悪夢です。

十九世紀半ば以来、共産主義という思想が流行していました。カール・マルクスという人が唱えた主張は、「人類の歴史は階級闘争の歴史であり、必然的段階的に発展する。古代奴隷制、中世封建制、絶対主義、資本主義、社会主義、共産主義である。資本主義の矛盾が頂点に達したとき、人民革命が発生し社会主義に至り、やがて共産主義という人類の理想形態に至る」ということです。なんか難しいことを言っているな、と思われたかもしれませんが、二十世紀にはこんなものが地球の半分を支配します。よほど中身がある思想と勘違いされていたようです。

しかしまとめてしまえば、「世界中の政府を暴力で転覆して、金持ちを皆殺しにすれば、全人類が幸せになれる」と言っているにすぎません。

さすがに今はここまで露骨な主張をする人はいませんが、そういう主張をしていた人たちが歴史学界を支配していたのですから、その弟子や孫弟子が影響を受けていないはずがありません。

通説

歴史は、マルクスとレーニンの教えに従って解釈すべきである。研究の結果、事実と理論が食い違っていた場合、優先されるのはマルクスとレーニンの教えである。

冗談を書いているのではありません。昭和期の歴史学界はこう信じていないと途端に粛清されました。嘘だと思うなら、「回顧と展望」をご覧ください。「回顧と展望」とは『史学雑誌』という東京大学文学部が出している紀要です（たかが一大学の紀要の分際で「権威ある学会誌」と扱わせている）。『史学雑誌』はその年に出た日本史・東洋史・西洋史の論文と単行本をかき集め、その中から特筆すべきものを年に一回「回顧と展望」で取りあげて批評するということになっています。

私は大学院の修士課程に入った年に、一九五〇年代以降の「回顧と展望」の日本近代史のコーナーは全部読みましたが、左翼のアジビラと見間違えるようなイデオロギー全開の記述でした。共産主義者のことを彼らの使う赤旗にちなんで「アカ」と呼びますが、本当に目の前が真っ赤になりました。

たとえば、升味準之輔先生が明治から戦後までの政治史を史料に基づいて批評を抜きに事実提示すると、「これは政局しか扱っていないではないか」と意味不明の発作を起こす惨状でした。升味先生はマルクス主義を理解したうえで、「では、社会の構造を説明するには政治のことも語らねばならないのではないか」と、『日本政党史論』全七巻とその後も戦後史まで含めた著述をなされた方です。マルクス主義者によれば、歴史は下部構造（要するに、人民のこと）が動かすのであって、上部構造（要するに、権力者のこと）など従属物にすぎないのだから研究する必要はないと言っているのです。そして、政治史の研究をするヤツは教義に背く異端、経済史の研究だけすればいいということになるのですが、そのマルクスからして方程式が解けなかったレベルなのですから、そんな連中の経済史などおよそ学問と呼ぶに値しないキワモノです（その残党が、現代日本でもデフレと増税を促進してくれたので、大迷惑極まりません）。

こうした狂った風潮は、日本が戦争に負けてから広まったものではありません。日露戦後の日本はかなり平和ボケしてしまい、東大、京大など名門校の教授学生が共産主義にかぶれていったため、論壇も共産主義一色になりました。よく「戦後レジーム」と言いますが、昭和二十年に急に始まったのではありません。戦争に負けたから「戦後レジーム」になるのですから、昭和二十年より前に原因があるに決まっています。

もう一回、さらします。

通説　歴史は、マルクスとレーニンの教えに従って解釈すべきである。研究の結果、事実と理論が食い違っていた場合、優先されるのはマルクスとレーニンの教えである。

こういう連中に武器を持たせるとどうなるか。軟禁されて抵抗力をなくした皇帝一家を馬まで含めて皆殺しにするとか、狂気に走るのです。

地球のど真ん中に共産主義者の政権が樹立され、勝手にドイツに降伏してしまいました。イギリスやフランスは恐怖にさらされ、総攻撃に出るであろうドイツに備えながら、内戦状態になった旧ロシア領に介入することとなります。

英仏は、ロシア革命をつぶそうと「干渉戦争」を日米両国に呼びかけました。レーニンは政権樹立したものの、旧体制勢力と内戦をしています。彼ら抵抗勢力は、レーニンの赤軍に対して、白軍と呼ばれました。レーニンをつぶすには、白軍政権を樹立することです。

当然、隣国の大国である大日本帝国に期待がかかります。時の首相は寺内正毅でしたが、衆議院第一党政友会総裁である原敬の意向を無視できません。原を無視すれば予算も法律も通らず、何もできません。この原という男は、日露戦争の時代から「戦争に協力してやるから利権をよこせ」という政治屋です。外務次官にまでなったくせに外交外政の基本がわかっていないので、大事な話には交ぜられないというご仁です。西園寺公望という人が総裁だったときは政友会を抑えるには彼を呼べばよかったのですが、原が権力を握るとそうはいきません。そして原の対外政策の基軸は「対米従属」です。

原はアメリカに旅行した際、「こんなすごい国にはとてもかなわない」と圧倒され、いついかなるときもアメリカに追随せねばならないと考えるようになりました。

のちにフルシチョフがアメリカに招かれた際に、米国要人はこれみよがしにニューヨークの摩天楼など文明の粋の文物を見せつけ「お前の国にはこんなものはないだろう」という態度をとるのですが、そのたびにフルシチョフは「この光の陰でどれほど多くの黒人が差別されているのか。スラム街ではどれほどのホームレスが飢えているのか」などと一々、目を皿のようにしてアメリカの暗黒面を探しています。明治の大久保利通だって、岩倉使節団に随行してロンドンに行った際に、大英帝国絶頂期の圧倒的な物質力に慨嘆してしまいます。「こんな国に追いつけるのか」と。しかし、「とにかく産業を興さなければならない」と決意し、殖産興業に邁進することとなるのです。原に大久保やフルシチョフの気概を求めるのは空しいことでしょうか。

干渉戦争に際して原の主張はただ一つ。「アメリカの言いなりになれ！」です。

しかも、このときのアメリカ大統領はウッドロー・ウィルソンです。「日本は参加するな。お前らは侵略をしかねない」「いや参加しろ。これは神聖な国際的義務だ」「しかし、兵力は七万二千人までに限定しろ」と、言うことが一々むちゃくちゃです。

もし私がこの時代に生きていたら必ず「七十二万人でも足りないくらいだ！」と主張す

るでしょう。日露戦争の最大動員兵力が百万人強ですから、不可能な数字ではありません。現に、日露戦争をもう一回やり直さなければならないような状況に陥ったのですから。

確かに、そういうことを言う人はいました。前節で対露援助を主張した石井菊次郎です。しかし、石井はなぜか原に嫌われ、発言力がどんどん低下していきます。石井からすれば「だから言っただろ！」です。大戦初頭から石井は、陸軍を大量に送って帝政ロシアを支えろと一人言い続けました。これを拒否した山縣有朋や寺内正毅の判断は常識的でしたし、それを責めることはできませんが、事態は石井の警告どおりになりました。

日本政府は、ウィルソンの言うとおり、七万二千人に兵力を限定して兵を送ることになります。干渉戦争の極東戦線であるシベリア出兵です。

このときの帝国陸海軍はまさに無敵でした。陸軍は無人の荒野を行くがごとくシベリアの大地を平定していきます。赤軍は逃げ回るだけですが、日本軍がいなくなるとテロを仕掛けてきます。その最大の悲劇がニコライエフスク大虐殺です。不意を突かれて、日本人居留民約四百人を含む住人六千人が虐殺された事件ですが、報復として帝国海軍が北樺太をいとも簡単に保障占領した事実はあまり知られていません。ウラジオストク要塞だろうが、樺太だろうが、我が帝国海軍の艦砲射撃にかかれば、鎧袖一触で攻略できたのです。

ポーツマス会議で樺太を全部よこせとか半分でどうとか、どうでもよかったことがこの一事でわかります。

帝国陸海軍のでたらめなまでの強さにはあきれるばかりです。日露関係というと、強大なロシア軍に対してひ弱な日本軍というイメージで語られがちですが、実際はそんなことはありません。現場レベルでは、精強な日本軍が愚鈍なロシア軍を見下している状態です。

ただし、ここでロシアの法則です。ロシアは軍事力など外交の道具だと割り切っています。強い日本には決定的な負けを喫しなければよい。その間に、弱いヤツらをつぶしていけばいい。レーニンには、レオン・トロツキーという名将がついていました。ナポレオンの再来と言われた男です。日本軍相手のシベリア戦線では〝鬼ごっこ〟を繰り返し、モスクワ周辺の白軍を各個撃破していきます。レーニンも、「バイカル湖までは日本に取られても仕方がない」と覚悟していました。

英仏は、赤軍をつぶせないこと、白軍が弱すぎることを認識するや、戦争目的を切り替え、縮小しました。ポーランド・バルト三国・フィンランドをロシアから切り離し、独立を認めさせることでレーニンと和睦しました。これはレーニンの「勝ちに等しい敗北」です。表面的には一方的に譲歩しているようで、英仏の「ロシア革命政府を抹殺する」という意思を挫いたのですから。レーニンがすごいのは、先のブレストリトフスク条約にしても、ウクライナやベラルーシを割譲してでも、生き残って力を蓄えさえすればいずれ取り返せると考えていることです。レーニンは、ウクライナやベラルーシに攻勢を加えてくるポーランドにも苦戦するのですが、なんとか持ちこたえます。

さて、最後まで戦いを続けていたのは日本だけになります。気まぐれなアメリカはあっという間に引き揚げてしまいます。これでは一体、なんのために戦ったのか意味不明です。日本は「チェコ兵救出」を名目に出兵していますが、そもそも「シベリア出兵」などという戦争呼称をいまだに使っているからわけがわからないのです。ロシア革命干渉戦争の極東戦線がシベリア出兵です。さらに言うと、チェコがなんなのかわかっていませんでした。チェコ人は敵国であるオーストリアの支配下に置かれ、大戦中はロシアの援助で抵抗運動をしていました。ところがそのロシアが革命によりレーニンの政府に代わり、敵中に取り残されることになります。多くのチェコ兵がシベリアに流刑にされました。

そこで帝政ロシアの同盟国である日本が救出しようというのが、シベリア出兵です。日本軍は、シベリアに流されていたポーランド人も救っています。これは、日本とポーランドやチェコとの友情の証しとして語り継いでもいいでしょう。

しかし、肝心の「革命政府をつぶす！」という干渉戦争全体の目的を理解していませんでした。そして、実際に革命政府をつぶせなかった、その無知のツケを思い知ることになります。

一九二二年、ソビエト連邦が正式に建国されます。

第四節　「レーニン」――外交ゲームの達人

第一次大戦は、ドイツの降伏で終了しました。干渉戦争はその後も続き、最終的に日ソの和議が成立するのは、一九二五年（大正十四年）です。しかし、地球上にはじめて共産主義の国が成立してしまいました。共産主義とは、「世界中の政府を暴力で転覆し、世界中の金持ちを皆殺しにすれば、全人類が幸せになれる」という恐ろしい思想です。当時は本当にこんなことを言っていたのです。「世界同時革命」といいます。

ただし、ソ連は「帝政ロシアの軍服を裏返しに着た国」と言われるように、ロシア式外交術は健在で、ロシアの法則をそのまま実行します。日米英仏独など両脇に大国を抱えながらも、巧みに生き残ります。

さて、日本外交史家が一九一九年のヴェルサイユ条約からレーニンが死ぬ一九二四年くらいの世界についてなんと言っているかまとめてみましょう。

通説

第一次世界大戦により、国際政治は大きく変容した。ヴェルサイユ会議では、米英仏伊日が五大国として認知された。しかし、ドイツの復活はヨーロッパの国々にとって脅威であり、ソ連も傷は癒えていないが大国として不気味に存在していた。軍縮会議であるワシントン会議で日本は英米を敵に回し、孤立の道を歩んでいく。

結果論だけ言えばそのとおりなのですが、「お前、本当にわかって言っているのか？」と問い詰めると、わかってないヤツがほとんどです。これは教授様だろうがなんだろうが、肩書関係なし。日本近代史の研究者は基礎となる概説部分をおろそかにしますし（某大学では「概説をやるな！」と指導している愚かな教授もいるとか）、自分の興味のある狭い専門分野では狂ったように細かいことを調べ上げるけど、それがどうして重要なのかの意義立証は求められない。そして、隣接分野に関心を持つこともなく、深く考察することもなく、今あげた「通説」を鵜呑みにするので、どんどんズレが生じていく。

この間違っているわけではないけど、日本の歴史書で深く考えられていないお話を、ロシア目線で解説していきましょう。

まず、この時期の国際関係、とくに日露関係を扱った本で、「ラパロ条約」「ロカルノ条約」という言葉が出てこない本は捨てていいでしょう。

一九二二年のラパロ条約とは、孤立したソ連とドイツが接近し、再軍備が禁じられたドイツに便宜を図った条約です。たとえば「トラクターの共同研究をする」との名目で、戦車の開発をするといった具合に。

これに対して、英仏はドイツと一九二五年ロカルノ条約を結び、友好を深めようとします。第一次世界大戦の講和条約であるヴェルサイユ条約の条件がドイツにとって過酷すぎるので、賠償金を現実的に払える額まで減額するなどしてヨーロッパ秩序の不安定要因を取り除こうとしたのです。ヨーロッパ正面では、常に「ドイツの復活」が最大の関心であり、東洋のことなど二の次、三の次だったのです。ということは、東アジアと太平洋に関しては大日本帝国の独壇場なのですが、日本近代史研究者は「日本は昔から小国だった」という誤解から自由になれないので、当時の状況を正しく理解できず、「日本が右往左往した」という評価しかできないのです。小国として大国の顔色を窺って右往左往するのと、大国でありながら何をどうしてよいかわからずに行き当たりばったりの政策を取り続けるのは、同じような行動に見えてまったく意味が違います。

だから戦間期の日本外交史を語るときに、ラパロ条約やロカルノ条約という言葉が出てこなければ、おかしいのです。

本質論に入ります。日本は近代化の過程で国際政治というゲームを使いこなしたが、ヴェルサイユ体制でルールそのものが変わったと説明されます。では、どのようにルールが変わったのでしょうか。目的を達成したら戦いをやめる決闘から、相手を抹殺するまでやめない総力戦への変更です。

ロシアは外交ゲーム（つまり生き残り）の達人であると何度も強調しましたが、その外交のルールはウェストファリア体制です。三十年戦争の講和条約である一六四八年ウェストファリア条約は、近代国際社会のルールを形づくりました。現代にも続いている部分が多くあります。

ウェストファリア体制の肝は、「戦争とは国家と国家の決闘である」という考え方です。ただし、決闘に参加する資格は文明国であることです。文明国でなければ、植民地にされたり、一方的に蹂躙されたりします。では文明国であることの資格はどのように証明するかというと、戦って負けないことです。たとえば、日露戦争で勝ったから、ロシアと対等の文明国として認めさせました。しかし、負けて日本本土をロシアに占領されていたら、文明国ではなかったことになります。ウェストファリア体制は文明国間の法であり、非文明国には適用されません。だから、文明国は白人のキリスト教国だけであり、有色人種は文明国ではないから何をしてもいいという理屈になったのです。これをひっくり返したのが日露戦争です。日本は、白人以上にこのゲームを使いこなすプレーヤーとなりました。

このルールが大きく変更されてしまったのが第一次大戦です。

二つの世界大戦は総力戦でした。総力戦とは、相手国の総力をつぶすまで大国どうしが戦うことです。総力をつぶされないからこそ大国だったのに、大国が滅ぼされる時代になったのです。第一次大戦では、ドイツ帝国とオーストリア＝ハンガリー帝国、そしてロシア帝国が滅ぼされました。

第一次大戦の盲点になっているのですが、ロシアは敗戦国です。ドイツの工作により革命が起きて滅ぼされました。ドイツは自らが送り込んだレーニンを降伏させています。ただ、レーニンはこの状況を正しく認識し、生き残った過程は前節で説明しました。領土を多少切り売りしてでも、生き残ればよいという大陸国家の感覚は、海洋国家の日本人には理解しがたいかもしれません。「北方領土は日本固有の領土だ」と言うのはいいのですが、こういう発想の連中を相手にそれを言うことの意味は考えるべきでしょう。

五大国といっても、イタリアは三国同盟を裏切って英仏の側について参戦したのを聞いたドイツが「これで勝った」と喜んだという冗談が残っているような軍事小国です。また、フランスでさえ大戦後はイギリスに追随する以外に選択肢がなくなります。仏伊は名目上の大国で、本当の大国は日米英です。

一九二一年、アメリカのウォレン・ハーディング大統領はワシントン会議を呼びかけます。前任者のウッドローがあまりにも頭がおかしいので目立ちませんが、この男も相当にイカれています（詳細は、小著『嘘だらけの日米近現代史』を！）。この前、暇なときに数えてみたら、二十世紀以降で最低の共和党大統領でした。

何がまずいかというと、敵と味方の区別がついていないのです。ハーディングは、日英同盟に挟撃されるとアメリカは滅ぼされるという妄想に取り憑かれていました。どこにもそんな状況はないのですが、第一次大戦の戦費を貸し付けている借金取りの立場を利用してイギリスに圧力をかけ、日英同盟を廃止させてしまいます。

これで日本の恨みは、イギリスに向きます。「英米が一体となって日本を滅ぼそうとしている」という陰謀論が急速に広がっていきます。それは当時の政官界言論界だけでなく、今の学界でも英米一体論が主流です。

この論のおかしいところは、二世紀にわたって世界の覇権を維持してきたイギリスにとって脅威はどこかということです。まず、四国協商の帝政ロシアが滅び去り、ソ連という脅威が新たに出現しました。危険極まりない国です。ドイツも潜在能力は高く、第一次大戦の復讐を虎視眈々と狙っています。そして、大戦で疲弊するイギリスやヨーロッパを尻目に世界一の経済大国の地位に躍り出たアメリカこそ、大英帝国の覇権に取って代わりうる可能性がもっとも高い国でした。

戦間期の英米それぞれの外交文書、『British Foreign Policy』と『Foreign Relations of the United States』を読み漁った結果を述べます。英米ともに各界の指導者層は国際政治を正確に認識しています。大英帝国の覇権に取って代わりうる国はアメリカである。しかし、ソ連とドイツの脅威がある以上は、あからさまに対立すべきではない、と。とくに海軍軍人などはいざ戦争になれば矢面に立つので、この認識を共有しています。アメリカ海軍の将官などは、日本海軍の強さを知っていますから、アメリカ国内の反日論など「勘弁してくれ」以外の何物でもありません。何より、世界中の海軍軍人が東郷平八郎提督に憧れていた時代のことです。それだけ日本海海戦の印象は強烈だったのです。

ただしイギリスはともかく、アメリカの政治家とマスコミにはこれが理解できません。同じ人種差別でも、イギリスは「日本が怖いから仲良くせねば」となるのですが、アメリカ人は西部劇の発想そのままに「ジャップを叩き出せ！」となってしまうのです。アメリカは日本を嫌い、日本はイギリスを恨み、イギリスはアメリカを警戒する。東アジアと太平洋の秩序を守ろうという趣旨のワシントン会議で、三国は溝をつくってしまいました。

この溝はソ連を利するだけでした。もしこのとき、日英米の三国が共同して「ソ連封じ込め」をやっていたのなら、レーニンは生きた心地がしなかったでしょう。以後二十年間、「英米の陰謀」から「鬼畜米英」に至るまで、反英米（途中で反〝米英〟に代わっていく）の論説には説得力がありました。実際、英米の日本人に対する人種差別意識は強烈でしたし、国益がぶつかる場面は多々ありました。そして、彼らの反英米（米英）論は嘘を垂れ流したから罪なのではありません。もっと大事なことを言わなかったから問題なのです。

それこそが、ソ連の脅威です。

日本にとって世界でもっとも重要な問題が反英米であり、最後は「鬼畜米英」「即時対米開戦」に世論を誘導した結果どうなったでしょうか。最大の脅威であるソ連が安全地帯にいることになりました。

たとえば、北一輝は当時から右翼思想家として知られ、とくに陸軍の青年将校に影響力を持ちました。狂信的なまでに、反英米を煽ります。しかし、研究が進むにつれ、北がソ連の国益に奉仕していたことがどんどん明らかになってきています。人によっては、ソ連のスパイだったと断言する人もいますが、それも今後、明らかになっていくでしょう。

ソ連としては、「日英米」「日英」「日独」「日英米独」の同盟に挟撃されたときに滅びる可能性があります。バチカンなどは反共の立場で、「日英米独」の大同盟をギリギリまで模索しました。いずれも日本がどこかの国と結んだときに発生するシナリオです。

ところが、日本はこの有利なポジションを自覚していません。むしろさせまいと、レーニンは必死に工作していたというべきでしょう。

日本を狂わせたレーニンの親衛隊。その名はコミンテルン。

いよいよ日本は、坂の上から転がり落ちるように、亡国へと進みます。

第七章　悪の論理はスターリンに学べ

主な登場人物

片山潜（一八五九年〜一九三三年）革命家。教科書では小物扱いだが、実は大悪党。

ヨシフ・スターリン（一八七九年〜一九五三年）悪の大首領。しかし、コミンテルンとの関係は微妙。

石原莞爾（一八八九年〜一九四九年）関東軍参謀。単なる課長のくせに、満洲事変などという日本の運命を決める大事件を起こす。

アドルフ・ヒトラー（一八八九年〜一九四五年）独裁者。ユダヤ人や日本人にこれでもかと迷惑をかける。

フランクリン・ルーズベルト（一八八二年〜一九四五年）第三十二代アメリカ大統領。事実上は独裁者。やっていることはスターリンへの奉仕。

蔣介石（一八八七年〜一九七五年）中国の独裁者。日本と戦い、毛沢東と戦い、ヘトヘトになる。

毛沢東（一八九三年〜一九七六年）革命家、のちに中国の独裁者。スターリンが生きている間は逆らわない。戦略の天才。

近衛文麿（一八九一年〜一九四五年）首相。しかも三回も。ソ連のために、わざと日本を滅ぼそうとしていたとしか思えない。

ウィンストン・チャーチル（一八七四年〜一九六五年）イギリス首相。アメリカびいきのドイツ嫌いで、スターリンを喜ばせてしまう。

松岡洋右（一八八〇年〜一九四六年）外相。国際連盟脱退、三国同盟、日ソ中立条約、対米交渉と、すべての罪を背負う。

第一節 「コミンテルン」——悪の秘密結社の正体

コミンテルンは悪いヤツらです。悪の秘密結社にして、スパイの代名詞です。世界中の政府を転覆させようと数々の陰謀を働いた、レーニンの親衛隊です。

とりあえず、自称学者たちの語る通説を述べておきましょうか。

通説

日本は侵略国家だ。コミンテルンを語るヤツは陰謀論者だ。

学界は思考停止して終了です。

私が主宰するインターネット番組『チャンネルくらら』に、『第二次世界大戦と日独伊三国同盟―海軍とコミンテルンの視点から』（錦正社、二〇〇七年）を書かれた平間洋一先生をお招きした際、「一億特攻の先駆けは言いすぎだけど、それくらいの覚悟で出版した」とおっしゃっていただきました。刊行当時、私は軍事史学会という学会の片隅で「とうとう平間先生も、アカデミズムの世界に背を向けたよ」という、心配しているのやら陰口をきいているのやらよくわからない声を聴いたものです。まず「軍事」が歴史学界のタブーで、その「軍事」を冠した学界でもコミンテルンはタブーだったのです。「だった」と言っても、残念ながら今もあまり変わりありません。

あえて名指しします。秦郁彦という慰安婦問題で産経新聞にしばしば登場し、右派の歴史学者だと勘違いされている人がいます。その秦氏が『陰謀史観』（新潮新書、二〇一二年）で、「コミンテルンの陰謀など証拠がない。大体、陰謀などまともな歴史学の対象ではない」と言いながら、「日本の陰謀」について延々と語るという、冗談のよう説明をしています。この人、若いころは『太平洋国際関係史―日米および日露危機の系譜 1900―1935』（福村出版、一九七二年）というマトモな本も書いていて本書でも大いに参考にさせてもらったのですが、『南京事件「虐殺」の構造』（中公新書、一九八六年）では国際法の基礎的な知識もないのに「虐殺」について延々と語ったあげくに「南京虐殺はまぼろし説も三十万人説も嘘だ。四万人だ」という中国に媚びたつもりの説を唱えて、逆に当の中国共産党を怒らせるという人でもあります。

よく、「どの人が信じられますか?」という質問を受けるのですが、「知りません」としか言いようがありません。秦郁彦氏の評価だって、一冊ごとに違うし、一冊の本の中であってもマトモなところとそうでないところがあるからです。

いずれにしても、秦氏のように右派と目されている学者ですら、コミンテルンはタブー視して、触れるものは排除する。これが日本の学界の現実です。そんな人に教わった人が社会に出て、なんとなく「通説」の空気に流されるとどうなるでしょうか。アメリカやイギリスではどんどん史料公開が進んでソ連の工作が明らかにされているというのに、日本の学界だけが必死に精神的鎖国を続けています。日本に入りこんだスパイは仕事が楽だと思います。彼らが大学教授など高い社会的地位を占め続け、若い優秀な才能をつぶしていくのを黙ってみていればいいのですから。

私はそもそも、今の日本の学界はコミンテルンの末裔ではないかと疑っているのですが、どこの学界の誰とか、その手の証拠がない話はやめておきましょう。

コミンテルンとは何か、絶対に確実な事実を積み上げていきます。

コミンテルンの前身は第一インターナショナルです。十九世紀、共産主義を考え出したマルクスの時代にできました。第一インターは各国の社会主義（共産主義の前段階ですが、違いがよくわからない）の団体の集まりで反政府的な傾向もあるのですが、反政府運動の一環として各国の民族運動を推進したので、極右団体の性格もありました。その後身の第ニインターも同様に、第一次世界大戦が始まるとそれぞれの国の戦争に協力しています。

日本で最初に彼ら社会主義者への警戒をあらわにしたのは、元老の山縣有朋でしょう。山縣は、一九〇八年（明治四十一年）に「社会主義者への取り締まりが生ぬるい！」と第一次西園寺内閣をつぶしてしまいます。この政変はよくわからないことも多いのですが、山縣の懸念は的中していました。西園寺内閣の時代に日本社会党が結成されるのですが、その中心人物が幸徳秋水と片山潜です。幸徳は明治天皇を暗殺しようとする「大逆事件」を起こしました。もう一人の片山は、歴史好きだった高校時代の私まで「なんでこんなヤツの名前まで覚えなきゃいけないのだ」というマイナー人物扱いでしたが、とんでもない。最近の研究では、片山潜こそレーニンやスターリンに匹敵する大物だということがわかってきました。

共産党は、社会主義政党の仮面をかぶって活動する場合が多いのですが、日本社会党の片山もその例にもれませんでした。片山はメキシコ共産党やアメリカ共産党を設立した超大物なのです。今でもアメリカ東海岸のマスコミ・学界・論壇、そしてハリウッドが反日であり、時にアメリカ政府に対してすら反抗的なのは、片山の時代、二十世紀初頭にまでさかのぼらねばなりません。それを語り出すと別の一冊の本になってしまうので触れませんが、共産主義は、北米を拠点にヨーロッパや日本にまで発信力を高めていきました。

彼らの運動方針が決定的に変わったのは、やはり前章の主人公であるレーニンの存在が大きいでしょう。レーニンは、合法活動に走る第二インターにあきたらず、即時暴力革命論を唱え続けました。

そして、ドイツが用意した封印列車に乗って生まれ故郷であるロシアに帰り、革命を成功させます。一九一九年、レーニンは第三インターの位置づけでコミンテルン（国際共産党）を設立します。世界中の共産党（名前が社会主義政党の場合もある）に対してコミンテルンを通じて指令を発し、攪乱工作を行いました。たとえば日本に対しては、北京では五・四運動、ソウルでは三・一運動など、民族主義独立運動を煽ります。その国のナショナリズム（右派）の主張を装いながら、反政府反国家運動（左派）につなげていくのがコミンテルンの特徴です。

今の日本でも、沖縄で「琉球独立運動」を起こそうとしている集団がいますが、彼らは「沖縄から米軍基地は出ていけ」とナショナリズムを煽るような言動をしながら反日本政府的な行動を繰り返し、いつの間にか中国の利益に奉仕している……といった光景が繰り広げられています。ここまでやられっぱなしで、日本人には学習能力がないのでしょうか。

日本は憲法九条で「軍隊を持たない平和主義」を謳っています。コミンテルンの本音はそんな生ぬるいものではありません。

一九一九年、東欧のハンガリーが「無軍備無警察国家」を実現したのですが、これを奇貨としたコミンテルンは、共産主義者のクン・ベラに独裁政権を樹立させます。結果、「十三歳以上の女子の九〇パーセント以上が梅毒にかかった」とまで言われる、おぞましい光景が出現してしまいました。たまたま外征中で武装解除していなかったホルティー・ミクローシュ提督が陸戦隊の残党と義勇軍を率いて蜂起したので、クン・ベラは追い払われました。コミンテルンは、油断も隙もありはしない組織です。

一九二〇年代を通じて、世界中にスパイ組織を放ち、謀略活動を繰り広げていました。日本でも、一九二二年に日本共産党ことコミンテルン日本支部を設立します。彼らは「天皇制打倒」を掲げました。

大日本帝国憲法にはどこにも「天皇制を廃止してはならない」とは書いてありません。そもそも日本の歴史を通じて、皇室を滅ぼそうとする勢力など存在しなかったからです。「天皇制」という言葉も、コミンテルンが「打倒すべき対象」という呪いの意味を込めて掲げたものです。日本の警察を所管する内務省は日本共産党を徹底弾圧します。しかし、これはコミンテルンの計算のうちでした。

日本共産党は、ヤクザでいえばフロント企業です。フロント企業をつぶしても、本体は生き残ります。むしろオトリにすることも多いのです。また、日本共産党は自分が勝つ必要はありません。敵をつぶせばそれで目的達成なのです。

たとえば二〇一四年衆議院総選挙です。共産党は三倍増の大躍進でしたが、自民党安倍内閣の議席数はほとんど同じです。政権奪取は永遠に無理でしょう。しかし、それで構わないのです。なぜかというと、日本を敗戦国のままにさせたい勢力にとって絶対に許せない公約、「自主憲法制定」を掲げる次世代の党を壊滅的敗北に追い込んだからです。では、共産党に勝たせてでも次世代の党をつぶしたかったのは誰か。これは心当たりが多すぎてわかりません。それはともかく、日本共産党の役割というものがおわかりになったでしょうか。

昭和初期でも日本共産党は、「フロント」「オトリ」「捨て駒」の役割を見事に果たしました。

最後の元老の西園寺公望は、「内務省は共産党の取り締まりは一生懸命やっているが、右のほうはどうだ。陸軍の中にも相当にアカが入り込んでいる」と危機感を募らせています。しかし、この懸念はそのとおりでした。共産党をオトリにし、内務省がフロントをつぶして満足している間に、本体は当の西園寺の裏をかいて日本の中枢に入り込んでいくこととなるからです。

スターリンがやりたい放題やる条件は整いました。

第二節　「スターリン」——猜疑と粛清と弱点

一九二四年レーニンの死去後、政権を握ったのはスターリンです。スターリンとは「鋼の男」を意味するコードネームで、レーニンともどもロシアの内外で工作活動にいそしんでいました。ロシア帝国の秘密警察（オフラーナ）との二重スパイ説もあるくらいです。

出身地のグルジアでは、「スターリンほど立派なグルジア人はいない。なぜならばあれほどロシア人を殺した男はいないからだ」と言われるほどです。スターリンと同じグルジア人で、秘密警察長官を務めたラヴレンチー・ベリヤは、まさに殺人鬼、大量粛清の象徴のような人物です。

では、スターリンについて、一番バカな時代の一番バカな通説を紹介したいと思います。

通説

スターリンは全人類の希望である。いかなる批判も許さない。

真顔で「ソ連崩壊は悲しくなかった。スターリンが死んだときに比べれば」と言った歴史学者が実在します。

敗戦直後は、この掟に逆らうと日本の学界では生きていけませんでした。スターリン死後にフルシチョフがその悪行の数々を告発して、ようやく全世界に広まり、日本の学界でも大量殺人について言及することができるようになりました。スターリンが殺した人間は多すぎて数えられません。どう少なくみても百万人を下るはずがありませんし、一千万人台という説もあります。戦争で死んだ人の数も含めれば一億人かもしれません。

こんなトンデモ人間を、神かキリストのように崇め奉っていたのが、昔の歴史学者です。しかし、仮面ライダーでいえば、ショッカー大首領を正義の味方と思い込むようなものです。しかし、スターリンは、それくらいの洗脳をやってのけたのです。「毒を薬、薬を毒」と騙すかのように。日本は最近でも、「デフレのときに増税をしましょう！」キャンペーンに騙されて、なんとかなるだろうと思っていたら、どうにもならなかった。あわてて再増税をやめて金融緩和をして事なきを得たという恥ずかしい事実があります。インテリジェンス能力の低さに関しては、今もやられっぱなしです。

もう騙されるのが嫌なら、いっそスターリンの手口に学ぶべきです。そのためにはスターリンの視点に立って、歴史を見ることが必要です。

スターリンは、革命干渉戦争の英雄であるトロツキーとの権力闘争に勝って政権を奪取しました。トロツキーはナポレオンによく似た男で、軍事センスとカリスマ性を兼ね備えていました。ロシア革命をフランス革命の焼き直しだとすると、ナポレオンにあたるトロツキーが軍事クーデターで権力を掌握することになります。スターリンは、あえてトロツキーをナポレオンに重ね合わすことで、周囲の警戒心を呼び起こさせました。こんな地道な努力から、レーニンの遺言の捏造まで、ありとあらゆる謀略を使い、ソ連共産党の指導権を握ります。その権力基盤は秘密警察です。ソ連の秘密警察は、チェッカー〜GPU（OGPU）〜NKVD〜KGBと、組織や人は変わりますが、やっていることは同じです。政敵の粛清です。密告も奨励されました。

赤軍の高官は、革命干渉戦争やポーランド戦争で活躍したトハチェフスキー元帥を含め、片っ端から処刑されていきます。あまりにも粛清しすぎたので、のちにドイツや日本との戦いが始まったときは、まともな軍人はゲオルギー・ジューコフくらいしか残っていなかったという有様です。

スターリンには粛清した人間の存在そのものを抹消する性癖がありました。集合写真から粛清した人間を修整して消していくと、いつの間にかスターリン一人しか残っていなかったということもあります。

スターリンは猜疑心の塊で、自分以外の誰かに権力が集中するのを極度に恐れていました。よく「日本はスターリンの手先のコミンテルンの陰謀によって滅ぼされた」という人もいるのですが、では、その人たちはスターリンがコミンテルンを滅ぼした事実をどうとらえるのでしょうか。コミンテルンそのものは、第二次世界大戦中の一九四三年に解散しています。猜疑心の強いスターリンにとって、もはや目の上のたんこぶでしたから、用なしになったのです。レーニンは「世界同時革命」を唱えてコミンテルンに世界中で策動させましたが、スターリンはコミンテルンの役割を低下させるために「一国社会主義」を唱えます。とはいうものの、「外国の政府を転覆させるようなマネはしない」というのは、単なる建前で、スターリンはレーニンが築いたスパイ網をさらに拡大強化させていきます。

そもそも、コミンテルンはレーニンの親衛隊です。初代独裁者の親衛隊を重宝する二代目独裁者など聞いたことがありません。スターリンは、内務省系のGPU、軍情報部、そしてコミンテルンを競争させ牽制させせながら使っていました。だから、ある謀略が発覚した、あるいは、ある人物がスパイだとわかったとして、それがソ連の陰謀で、その人物が関係者だったとします。しかし、ソ連の誰による工作なのかを厳密に調査しないと、実態がわからなくなります。時にスターリンすらあずかり知らないところで行われている謀略も存在するのです。

以上、コミンテルンとは何か、古今東西の工作機関が行ってきたセオリーに基づいて解説しましたが、ものすごく実証的に言うと、コミンテルンがやったことは「よくわからない」、あるいは「これからの研究の進展により解明されていく」というのが誠実な態度でしょう。今の段階でスターリンやコミンテルンの謀略など、確かに存在したとまでは言えても、わからないことだらけなのです。

さて、権力を掌握した直後のスターリンですが、外政では無理をしません。五か年計画により統制経済を推し進め、外部にほとんど情報を出さない、謎の国家のイメージを振りまきました。ロシア革命以降の内戦と干渉戦争の傷を癒やす時期だと考えたのです。

一九二八年、満洲軍閥の張作霖が爆殺されました。犯人捜しが始まり、日本陸軍軍人の河本大作大佐が主犯であることがわかりました。この真相を公表するか否かで日本の政界は宮中まで巻き込んで一年間の大騒動となり、ついには時の田中義一内閣が総辞職するに至ります。

この事件に関し、ユン・チアン『マオ―誰も知らなかった毛沢東』（講談社、二〇〇五年）では、張作霖爆殺はコミンテルン主犯説を唱え、各界で論争となりました。確かに、その後の新史料の発掘で従来の「河本大作単独犯説」は再検証の必要がわかってきました。日本史学界は頑なに修正する必要を認めていませんが。

とはいえ、コミンテルン主犯説も証拠不十分です。従来の説の疑問点は挙げるものの検証が不十分で決定的ではありません。とくに、「仮にコミンテルンが主犯だとして、河本大作は一体どういう動機で自らが犯人であると名乗り出たのか。そして日本の政官界を挙げて一年余り行われたバカ騒ぎは一体なんだったのか」という点について、コミンテルン主犯説はなんの説明もしていません。コミンテルン主犯説は興味深いとは思いますし、頑なに従来の説に固執して新史料を認めようとしない歴史学界の態度はいかがなものかと思いますが、事実認定には慎重であるべきというのはまた別の話です。

さて、一九二九年に張作霖の長男、張学良はソ連に喧嘩を売ります。このころの中華民国には中華ナショナリズムの嵐が吹き荒れ、そこら中の国に喧嘩を売って歩くような状態でした。順番に言うと最初にイギリス、次にソ連、最後に日本に喧嘩を売ります。イギリスや日本に対してはボイコット（不買運動）と称して外国商品を売買した店を破壊し、売買した人にリンチを加えたり、居留民や外交官に暴行を加えたりでしたが、ソ連には同様の行為を行ったばかりではなく、総領事館を急襲して外交文書を略奪する狼藉を働きました。「国家機密をスパイした」という言い分ですが、誰も張学良に外交特権という言葉を教えてあげなかったのでしょう。国交を結んだ国は相互に外交特権を認め、在外公館は外国領と同じ扱いをします。だから、勝手に敷地に押し入って文書を奪うなど、ご法度なのです。「スパイ」といっても、そもそも外交官は相互公認のスパイのようなものです。盗まれたくないものを盗まれて嫌だったら、ペルソナノングラータ（好ましからざる人物）として本国送還という措置がとれるのです。

さすがにソ連が日ごろから「世界中の政府を暴力で転覆して金持ちを皆殺しにするぞ」と公言していても、このときの張学良をかばう国は一つもありません。強いていうなら、現代日本の親中派学者くらいのものでしょう。

張学良の暴挙により、張ソ戦争が始まります。満洲軍閥の張学良とソ連の戦争だからこの名前がつきますが、学良が奉天を根拠地としていたので奉ソ戦争、中華民国国民政府主席の蒋介石も応援したので中ソ戦争とも言います。

この戦いで、ベールに包まれた赤軍がその実力を見せつけます。航空機で制空権を握り、砲兵が火力を集中し、戦車で突破してから歩兵が占領する。空陸一体の見事な作戦は、観察していた日本の関東軍の軍人も驚嘆します。二年後に満洲事変を起こす石原莞爾は、このときの赤軍の行動を参考にして作戦を組み立てたほどです。

無軌道な学良は次の矛先を日本に向けます。当時の日本は十五年も続いたデフレ不況に苦しみ、大学生が就職難で、地方では餓死者まで出て、外交では英米に媚びへつらい、という鬱屈した空気があふれていました。そんなときに満洲で日本人の拉致が相次ぎました。しかも日本の外務省は「拉致問題で抗議などしたら、相手が困るではないか」と国民感情を逆なでするような態度をとります。一体いつの時代の話かと言いたくなりますが、一九三一年（昭和六年）の日本はこんな状況でした。

平成日本と昭和初期が決定的に違うのは、日本が無敵の軍隊を持っていたことです。関東軍参謀の石原莞爾は閉塞した状況を一気に打破しようと満洲事変を断行し、張学良を駆逐します。関東軍は石原の作戦により、三十倍の張学良軍を満洲の地から追い払ってしまいました。そして満洲国を建国します。日本にとって満洲国は、ソ連との緩衝国家になります。石原が睨んでいたのはソ連です。ソ連の軍拡が完成する前に満洲の地を押さえようとしたのです。

満洲事変は、ソ連にとっては悪夢でした。ロシアは自分に弱みがあるときこそ強がった言説でごまかそうとしますが、石原に「巨大な敵」幻想は通じませんでした。マクシム・リトビノフ外相は、「我々は戦争準備ができている」などと居丈高な対応を取りながら日本の行動を非難しましたが、広田弘毅駐ソ大使がソ連の勢力圏である北満洲への軍事進駐を示唆しただけで、翌日にソ連は中立宣言をしています。

もちろん、スターリンが日本に怯えきっていたからです。スターリンは満洲事変が始まってから慌てて、北極海の航行が可能な砕氷船の試験運用してみたり、重砲付属品と牽引用トラクターだけでなく黒海艦隊の潜水艦を解体してシベリア鉄道でウラジオストクに運んでみたり、事実上はアムール河警備隊にすぎない陸軍付属艦艇を格上げして極東海軍と名乗らせたり、ウラジオやハバロフスクなど極東の主要都市で防空演習を始めてみたり、住民にオーゲーペーウー（秘密警察）への登録を義務付けてみたり、軍需品賦役用人夫を徴用する一方で片っ端から「日本のスパイ」の予防検束や追放をしてみたり、と半分パニック状態になってしまいます。こんなことをしてもほとんど役に立ちません。以上の情報は、山口為太郎在ウラジオストク総領事が得ています。冷静にインテリジェンスを下せば、ソ連が怯えているのはよくわかったのです。石原は最初からこれを読んでいました。

唯一、日本に脅威を与えたのが、東京爆撃が可能な航続距離のあるＴＢ－３重爆撃機をウラジオストクに配備したことです。この影響で日本はのちに「帝都防空大演習」を行うこととなります。

またスターリンは、満洲事変が始まるや日本を含めた周辺諸国に不可侵条約を提起します。「日本とポーランドに挟み撃ちにされる」という怯え方をしているのです。これはあながち荒唐無稽な妄想ではなく、たった十年前にシベリア出兵が続いている最中に、ソ波戦争でポーランドに攻め込まれた苦い経験があったから、当然です。もちろんポーランドや、その後ろ盾であるフランスにまで不可侵条約を呼びかけました。

あげくは「侵略の定義に関する条約」を、ポーランド・ルーマニア・トルコ・エストニア・ラトヴィア・アフガニスタン・イランとの間に結んでいます。この条約は、いかなる理由があろうとも先制攻撃をしたことをもって侵略と見做すという条約ですが、ご丁寧にほとんどすべての国が、ソ連にそのとおりの侵略をやられています。例外はイランとトルコですが、イランはすでに北部をソ連に勢力圏として抑えられていましたし、トルコは中立を維持しましたがそれはたまたまで、常にドイツとの取引の材料にされていました。

ただし、これらは結果論で、一九三一年から三三年の満洲事変が続いている最中は、スターリンは生きた心地がしません。中国に煽られて日本の「侵略」を非難する国際連盟がソ連をオブザーバーとして呼ぼうとしても、スターリンは徹底拒否してかかわろうとしませんでした。

そうこうしている間に、一九三三年一月、ドイツでは反共を掲げるアドルフ・ヒトラーが政権を樹立しました。スターリンは、「日独挟撃」の妄想にさいなまれることになります。スターリンは猜疑心が強すぎるのを通り越して臆病なところがあり、自分が破滅するあらゆる可能性を想定しては、それに対策を立てていくというタイプの人間でした。

そんななか、時の氏神が現れます。アメリカ大統領に就任したフランクリン・ルーズベルトがソ連を国家承認したのです。一九一七年のロシア革命のとき、アメリカは革命政府をつぶすための干渉戦争を挑んできましたし、一九二二年のソ連邦建国以来、歴代共和党政権はソ連を国家として認めませんでした。アメリカの保守層が強かったからです。ところが民主党のルーズベルト政権になると、いきなり対外政策を転換します。これで「東から日米連合軍が攻めてくる」という心配は杞憂に終わりそうです。

ルーズベルト大統領夫人のエレノアにはソ連のスパイ疑惑がつきまとっていますし、ホワイトハウスにはソ連のスパイが大量に入り込んで対日戦へと誘導した事実は「ヴェノナ文書」により明らかになっています。

もちろん、スパイ工作というのは即効性があるものではなく、一国の政府を地球の裏側まで戦争に行かせる工作など、並大抵ではありません。失敗したらそれまでのリスクとコストがすべて無駄になりかねません。

しかし、スターリンの立場からすれば、日本と米英独のどこかが組むのは悪夢ですから、考えられるあらゆる方策を尽くさざるをえなかったのです。何がなんでも日本とアメリカに戦争をしてもらわねばならないのです。

そして、日本にも工作の魔手は伸びます。

第三節　「第二次世界大戦」――臆病なスターリンの大謀略

とりあえず最初に挙げておきましょう。

通説

日本は国際連盟を脱退し、国際的孤立の道を歩む。ソ連の脅威に備えるため、「対支一撃論」が国策となり、日中戦争に突入、さらに米英との太平洋戦争で敗戦に至る。

何も考えずに年表を並べるとこうなります。しかし、これで歴史がわかったことになるでしょうか。ソ連に備えようとして後顧の憂いを断つべく中国に一撃を加えたら泥沼の支那事変に突入し、その後ろ盾である米英を叩こうと大東亜戦争を始めたら敗戦に至った、というのが事実です。「通説」の表現を、多少変えただけですが。印象は違うと思います。それでも「なんでそうなるの?」と疑問に思うでしょう。

これは日本の視点にだけ立って考えるからであって、ソ連すなわちスターリンの視点が必要です。

前節の続きですが、一九三三年に日本とドイツが国際連盟から脱退しました。一九三四年、ソ連が入れ替わるように連盟に入ります。

満洲事変によって日本は国際連盟で常に言いわけを迫られる立場でした。国際連盟は基本的にヨーロッパのもめごとを解決するクラブです。東欧の小国は、復活したドイツやソ連の侵略を恐れているため、遠いアジアの大国日本の侵略を阻止することが連盟の権威を高めることとなり、ひいては自分たちの安全保障につながると信じていました。中国のプロパガンダに騙されているのです。

国際連盟創立以来、日本はヨーロッパのもめごとにしがらみのない立場から立派に調停役を務めてきました。その調停役が出て行ってしまい、ソ連が招き入れられた。スターリンとしては、あまりに都合のいい展開に「本当にいいのかな？」という気分だったことでしょう。東欧諸国の皆さんは、やがてナチス・ドイツに、そしてソ連に侵略されることになるのですが、申しわけありません、自業自得です。

もちろん、中華民国のプロパガンダに負けてしまった大日本帝国の失敗は免罪できません。過去の歴史を反省するなら、中国のプロパガンダに負け、東欧諸国をナチスやソ連の圧政下に置く原因をつくってしまったことこそ反省すべきでしょう。

ソ連から見て、西も東も動乱が続きます。

西ではドイツを復活させたヒトラーが軍事拡張主義の道を邁進します。英仏は後手に回っていました。というのも、第一次大戦で国民に厭戦気分が蔓延していましたし、ソ連への牽制としてドイツを利用したい思惑があったからです。現在の歴史観では「融和政策」として批判される姿勢です。これは、ナチス・ドイツだけが悪いという歴史観に基づいて、「ナチス・ドイツを一刻も早く抹殺しなかったのはけしからん」と批判しているわけです。ナチス・ドイツが「生きるに値しない命」などといってユダヤ人やロマ、身体障碍者や同性愛者を大量に殺戮したのは人道に対する許しがたい罪です。しかし、同様の悪徳をソ連のスターリンもしていました。そもそも、英仏が世界中で有色人種に対して行った植民地支配はどうなんだという話もする必要があるでしょう。

外交は生き残りを懸けたゲームです。スターリンは、英仏ともドイツとも距離を置いて、慎重に情勢を見極めようとしていました。ただし、スペインで内乱が起こると義勇兵を送り込んでドイツ兵と抗争を繰り広げたりしますが、正面からはぶつかりません。

東側では、中国情勢が大きく動きました。蒋介石率いる中国国民党は、日本との戦争よりも中国共産党の殲滅を優先させました。蒋介石は「皮膚の病より内臓の病を先に」と言って、あと一歩のところまで中国共産党を追い詰めました。中国共産党の指導者である毛沢東は、モスクワに亡命する飛行機のタラップに足をかけていたと言います。

しかし、異変が起きました。張学良が突如として蒋介石を軟禁してしまったのです。学良は「兵諫」だと主張します。つまり兵をもって立ち上がり、蔣介石を諫めようというのです。「中国人どうしで内輪もめしていないで、共産党と手を組んで日本と戦うべきだ」と。こうして国共合作ができあがりました。裏にはスターリンがいたと考えられています。中国共産党はソ連の下部機関ですが、スターリンは蔣介石にも二股をかけています。息子の蔣経国はモスクワに留学していますが、いわば人質です。

スターリンは、蔣介石と毛沢東を競い合わせ、どちらかが逆らったら、いつでも切り捨てるつもりなのです。しかし、蔣介石が独力で中国を統一すると、それはそれで言うことを聞かなくなる可能性があるので、ギリギリで止めたということです。

翌一九三七年（昭和十二年）七月七日、北平（北京）郊外の盧溝橋で日中両軍が衝突します。真相は謎ですが、中国共産党の劉少奇が国民党軍と演習中の駐留日本軍の両方の陣地に銃弾を撃ち込んだのが原因と言われています。間違いなく言えるのは、日本陸軍に事件を起こす動機はないことです（詳しくは、小著『嘘だらけの日中近現代史』を参照）。

ただし、時の総理大臣の近衛文麿は、世論を煽りまくり、嫌がる陸軍を支那事変に引きずり出します。また側近のブレーン集団には、昭和研究会という保守を装ったスターリンの回し者が大量に入り込んでいました。とくに一人だけ挙げると、その中心人物である風見章などは近衛内閣で内閣書記官長（今の官房長官）を務め、戦後は社会党左派の重鎮になっています。近衛内閣は、ブレーン集団にこんな人がゴロゴロいる政権だったのです。

日本が「暴支膺懲（暴虐な支那を懲らしめよ）」と絶叫すれば、蔣介石も「最後の関頭」演説で応酬します。さらに中国国民党によるテロが相次ぎました。

それでも全面武力衝突までは時間がありました。戦をするかどうかは、強い側に選択権があります。日本の政権の内情は、陸軍大臣の杉山元などは、押したほうに動く「便所のドア」とあだ名されるような人物で、部下やほかの閣僚に「暴支膺懲」を求められれば強く反発することはしません。近衛首相や貴族仲間の木戸幸一文相、赤い貴族と言われた有馬頼寧農相、元首相の広田弘毅外相は強硬論を唱えます。

一人、賀屋興宣蔵相だけは抵抗しました。賀屋は、ここで事変に突入すればコミンテルンの思いどおりになる！との危機感を抱いていたからです（『評伝賀屋興宣』）。

もう一人、米内光政海相も事変拡大には反対でした。なぜなら、盧溝橋のある北支は陸軍の縄張りなので、他人事だったからです。閣議でも沈黙を守ります。

ところが八月九日、上海で大山勇夫海軍中尉が中国兵に殺害されたうえに死体が凌辱されるという事件が発生しました。上海は中南支であり、海軍の縄張りです。自分の身内が殺されたこともあって米内は逆上し、閣議で最強硬論を吐くようになります。この形勢に賀屋ひとりでは抗する術はありません。以上が、日本の内政上の説明です。

最近の史料公開で、大山事件を起こした張治中将軍が、毛沢東のスパイだったことがわかりました（前掲『マオ』）。中国共産党は、日本はおろか、国民党に軍事力では勝てません。だからこそ、スパイを送り込み、組織的に判断を狂わせ、合理的な行動をとらせないようにと工作するのです。

ところが、スターリンの誤算は日本軍が冗談のように強かったことです。このあたり、毛沢東は自身が軍事の専門家であり、自ら戦場を駆け巡っていることもあり、日本軍の強さを正確に測っていました。一九三一年に始まる満洲事変から数えて約十五年はかかるだろうと。実際、そのとおりになりました。ちなみに、「十五年戦争」という呼称はどこからどこまでを数えても絶対に十五年にはならないのですが、毛沢東の戦略の偉大さを称えるならば、修辞表現として使ってもよいのではないでしょうか。日本人でこんな表現を使えば、ただちに売国奴と認定せざるをえませんが、中国人や第三国の毛沢東びいきの人が使う分には、大目に見る余裕が必要でしょう。

日本陸軍は中国七大都市を攻略しても、まだ蔣介石を降伏させることはできません。今の中華人民共和国から、満洲・内モンゴル・新疆ウイグル・チベットを除いた地域が中華民国の範囲なのですが、沿岸部は日本が支配しています。三国志の時代で言えば、魏と呉の領土を押さえたことになります。しかし蔣介石は重慶に立てこもり、蜀と同じくらいの勢力圏で持ちこたえます。日本軍は国際法を守って軍事目標しか攻撃しないので、蔣介石は悠然と攻撃のこない場所に隠れ、徹底抗戦を呼びかける有様です。毛沢東はといえば、延安にこもって、日本と蔣介石の殺し合いを楽しみながら軍隊を温存し、反対派の粛清に日々を費やしていました。それまではモスクワから送り込まれたスターリンの忠臣のような連中が邪魔をしていたのですが、どさくさに紛れて皆殺しにしてしまいます。

スターリンは日本が次第に疲弊していくのを見て、満洲国国境での挑発を増加させます。「もう大丈夫かな?」というわけです。

一九三八年張鼓峰事件、翌年のノモンハン事件と、近代化が遅れた日本軍はソ連の強大な赤軍の前に壊滅的惨敗を喫していたことになっています。この種の「日本軍大敗伝説」は、ソ連崩壊後の研究により、覆されています。

まず、張鼓峰は日本領朝鮮と極東ソ連の国境にあります。ここでソ連を刺激して、支那事変との二正面作戦にならないよう厳命が出ていたので、守勢の戦いでした。しかし、戦いの舞台となった沿海州は、海軍の艦砲射撃が届く範囲です。地上軍が応援に駆けつけたら、ソ連軍はひとたまりもありません。干渉戦争（シベリア出兵）では、ソ連は痛い目に遭っているので、これは国境紛争で終了しました。

ノモンハンは「日本軍大敗」とともに、敗戦を隠し続けた「元祖大本営発表」のような扱いを長らくされてきました。しかし、ソ連崩壊後の史料公開で、ソ連軍のほうがはるかに甚大な被害を出していたことがわかりました。事件は満洲国とソ連の傀儡であるモンゴルの国境で起こったのですが、ソ連軍三十万に対し、日本軍は三万で対抗しています。緒戦の航空戦では日本軍が圧倒し、ソ連の被害は一六七三機、日本側は一七九機です。ソ連赤軍の司令官ジューコフは、次から次へと増援を繰り出し、何機撃ち落されようとも日本軍が疲れるのを待つ、という作戦を取ります。陸戦でも、日本軍の被害一万七千人とだけ聞けば大敗のようですが、ソ連軍の戦死傷者は二万五千人です。ソ連機械化軍団というのも嘘で、赤軍の戦車が八百両破壊されているのに、日本軍の被害は二十九両でした。

ただ、問題はその後の影響です。日本軍第二十三師団を率いた小松原道太郎中将は、ハニートラップにかかっていたことが、日露の研究者により指摘されています。小松原中将はハルビン特務機関長というスパイ機関の元締を経験しているにもかかわらずです。日本はどこまで謀略に弱いのかという話になります。

外交交渉では、国境線は概ねソ連の主張どおりになりました。これはソ連が甚大な被害を隠し通したので、日本側が弱気の交渉をしてしまったためです。ポーツマス会議で弾薬が尽きていたことを隠し通した小村寿太郎の逆をやられたわけです。

全体的には、「日ソ双方の大敗」が妥当な評価だと思います。確かに史料公開で、日本軍の一方的な大敗ではないとわかりました。これは最初に指摘しておきます。しかし、勝敗を戦争目的におくとしても、事態は単なる国境紛争を飛び越えて両国の国策に影響を与えたのです。国境線が少しばかり移動したなど、どうでもよい話です。本質は、日本の対ソ強硬論とソ連の対日強硬論の双方が、それぞれの国内で説得力を失ったことです。いずれの国も攻勢論は下火となり、防守論が主流となります。

日本は南進論が強まり、やがて米英との戦争に突入します。ソ連も、日本の敗色が完全になった昭和二十年八月まで参戦できません。それも百三十万という、あまりにも多すぎる兵力まで動員して。

スターリンはなぜここまで怯えたのか。一つにはノモンハンで日本軍の強さを思い知ったことです。それとともに赤軍の弱さを知ることとなります。ノモンハン事件の最中に宿敵ヒトラーと独ソ不可侵条約を結んでポーランドを分割し、勢いに乗ってバルト三国も併合しました。しかし、冬戦争ではマンネルハイム元帥の率いるフィンランド軍に連戦連敗で、人海戦術と外交力でなんとか領土を獲得し、名誉ある講和を結ぶ体たらくでした。スターリンはクーデターを恐れるあまり、優秀な軍人を殺しすぎていたのです。

一方、日本ではノモンハン事件の直後、関東軍司令官には梅津美治郎が就任します。梅津は常に陸軍中枢を歩んでいたエリートです。直前には、「次の陸軍大臣は梅津か畑（俊六）でなければならぬ」と昭和天皇から頼りにされたほど、陛下のご信任が厚い人物でした。梅津は国境で挑発を繰り返すソ連軍に対し、策を立てました。

一、国境沿いに二十キロの真空（緩衝）地帯を設定。偵察兵以外入れない。

二、越境機には地上兵力でしか反撃しない。飛行機では反撃しない。

三、紛争発生には司令官が直行し、ボヤで消し止める。そのための情報伝達路の確保。

四、以上を厳秘とする。

まさに現代の尖閣紛争でお手本にしたい方策です。ソ連は満洲国を守る関東軍に手出しができなくなります。このときの日本は、泥沼の支那事変が解決の目途もつかず、米英との対立が深刻化していく時期です。さらにドイツとの同盟に傾斜していく時期とも重なります。スターリンが本当に強い軍隊を持っていたら、ノモンハンや冬戦争で負けていなければ、間違いなく日本本土を窺っていたでしょう。

宣戦布告だけして戦闘が行われていなかった第二次世界大戦は、一九四〇年になり急激に動きます。ドイツは電撃戦でベルギー、オランダ、ルクセンブルクのベネルクス三国だけでなくフランスまで落とし、北欧のデンマークやノルウェーまで攻略します。ヨーロッパ大陸はヒトラーのものとなり、一人イギリスだけがブリテン島で抵抗しています。スターリンは独ソ不可侵条約を軍事同盟であるかのように奉りました。自分より強い相手とは戦わないロシアの法則に忠実です。ポーランドとバルト三国のように数に入らない弱い国を火事場泥棒して満足します。

ソ連から見て西には、ドイツとイギリスそしてアメリカ、東には日本とアメリカがいます。日本は勢いのあるドイツに幻惑されて、一九四〇年にイタリアも交えた三国同盟を結びました。日独挟撃の可能性がある！

スターリンの全頭脳は、英独の戦争を激化させ、日米の対立を煽り戦争に持ち込ませることに集約されます。そして、こんな虫のいい話が見事に当たっていきました。

イギリスの首相はウィンストン・チャーチル。彼は「戦争屋」のあだ名が示すように、ヒトラーとの対決を望んでいました。まるで小ピットがナポレオンと戦ったのを再現したがるかのように。ピットのころの大英帝国はナポレオン戦争の片手間にアメリカを叩きのめすくらい強かった国ですが、チャーチルの時代にはアメリカの援助で戦争を続けている国です。そんなことも考えないチャーチルは、英米ソの「大同盟」に傾斜していきます。

東側の日本では近衛文麿が首相に返り咲き、ドイツとの同盟が実現し、米英との対立が激化していきます、アメリカのホワイトハウスも、「レッドハウス」と呼んだほうがいいような状態でした。そのもっとも活動的なスパイの名前が、「スノー」と「ホワイト」だったというのは笑えない冗談です。エドガー・スノーは大統領官邸にも出入りした中国共産党シンパのジャーナリスト。ハリー・デクスター・ホワイトは日本への最後通牒に等しい「ハル・ノート」の執筆者です。

この状況を必死で打破しようとしていたのが、外務大臣の松岡洋右です。松岡は、「伝統的な対英米協調は英米両国がここまで反日になってしまったら不可能だ」と断じます。そこで、ドイツと手を組み、さらに三国同盟とソ連を結びつけ、日独ソ伊の四国同盟の力で英米と交渉をすれば話がつくのではないかと考えました。もはやそれくらいの奇策しかないということです。ほかの誰も未来に構想を持っていない時代ですから、誰も松岡に反対しません。ただ一人を除いて。

三国同盟の承認が枢密院に求められたとき、顧問官となっていた石井菊次郎は四十五分間にわたる大演説を行います。「フレデリック大王以来、ドイツと手を組んで幸せになった国はない！」と。フリードリッヒ大王をあえてフレデリックと英語読みしたことに石井の皮肉と無念が込められています。当然、石井一人が反対したところで大勢は覆りません。正論は通りませんでした。

松岡としては、スターリンやヒトラーと組むという奇策に頼るしかないという心境だったのでしょう。途中まではうまくいきます。一九四一年四月、日ソ中立条約を締結します。スターリンは日本の脅威がひとまずなくなったと小躍りします。しかし、最大の誤算が生じます。

六月、突如としてヒトラーがソ連に攻め込んだのです。松岡の構想は脆くも崩れ去りました。しかし、松岡以上に驚愕したのはスターリンです。奇襲をくらい、ヨーロッパ最強のドイツ国防軍が一日百キロの進撃速度でモスクワに迫ってきます。スターリンは別荘に引き込もってしまいました。これまで悪行の限りを尽くしてきたので、自分は部下たちに殺されると思ったのです。二週間後、部下たちはそろってスターリンの別荘を訪ねてきました。そして全員が「この祖国の危機を救えるのはスターリン様しかいません」と懇願したのです。死を覚悟していたスターリンは心機一転、不屈の闘志で以後四年に及ぶ戦いを耐え抜くことになります。

ヒトラーがなぜこの時点でソ連に攻め込んだのか、諸説ありますが決定的な証拠はありません。ブリテン島はまだ落ちておらずイギリスの士気は旺盛です。むしろ海上覇権を維持し、軍用船だろうが民間船だろうが無差別に潜水艦で攻撃するドイツ海軍を相手に一進一退の攻防を繰り広げています。ヒトラーの決断はあまりにも不合理です。

独ソ戦開始の報に松岡は、「即時対ソ開戦」をいきなり上奏します。これには政府も軍も誰もついてこられません。松岡が不幸だったのは、ヒトラーが予想外に不合理な行動に出たこと、スターリンと違い国内をまとめる力がなかったことです。近衛は、ルーズベルトの「松岡がいると対米交渉がうまくいかない」という要望を受け、いったん総辞職してから組閣し直すという手の込んだことをして松岡を外しました。

近衛内閣では、北進論と南進論が激しく対立します。結論は、「ソ連に攻め込む用意をしつつ、南進」ということになりました。このとき、ソ連が放った有名なスパイであるリヒャルト・ゾルゲは近衛側近の尾崎秀実から「北進はない。南進に決まった」という情報を入手しましたが、スターリンはこれを信じませんでした。だから、スターリンが生きている間、ゾルゲの評価はタブーでした。スターリンの無能をさらさねばなりませんから。

七月、スターリンを震撼させる出来事が発生します。関東軍特種演習、略して関特演です。梅津美治郎総司令官（司令官から格上げ）率いる七十万の軍勢が満洲国に集結し、実戦さながらの臨戦態勢に入ったのです。ドイツ軍の猛攻に苦戦していたスターリンは戦わずして戦意喪失です。

スターリンがどれほど関特演を恐れたか。昭和二十年八月まで攻めてこられないほどでした。また、どれほど憎んだか。日ソ中立条約を破棄して攻め込んできたとき、「関特演で日本は我が国と戦う姿勢を示していた。だから、あのときに日ソ中立条約は無効になっていたのだ」とむちゃくちゃを言いだしたほどです。「だったらそのときに言えよ」で終了の話です。こんなでたらめ、日本人の研究者以外は誰も信じません。まともな学者だったら、ロシア人すら信じないでしょう。ところが、スターリンの言うことを真に受けて〝学術研究〟されるのですから、日本の大学教授は度し難いこと、このうえありません。

日本は取って返すように、南進に邁進します。このとき、アメリカに経済制裁されていたので、和平をまとめるか、戦争をして勝ち取るか、戦わずして降伏するか、の三択しかありませんでした。

しかし、みんな頭に血が上っていたので単純なことを忘れていました。そもそも、アメリカはなんのために日本に経済制裁をしているのでしょうか。「中国問題のため」「日本の侵略から中国を守る」が大義名分ですが、では誰のためにアメリカは戦争の危険を冒してまで中国大陸に首を突っ込まなければならないのでしょうか。しかもアメリカ国民は、第一次大戦の経験で厭戦気分が蔓延していたのです。フランクリン・ルーズベルト大統領とその側近はいかにして対日戦争にのめり込んでいったのか？

「スパイに操られた」とでも言わなければ説明のつかないことが多すぎます。もちろん、すべてがスターリンやコミンテルンの謀略だったとは言いません。しかし、どの程度の影響があったかはともかく、ソ連の影がなかったとは言えないでしょう。

さらにもう一つ。日本は何をしたかったのか。石油が欲しいなら、オランダ領インドネシアにだけ進駐すればいい話です。もちろん、インドネシアには米英の利権が入り込んでいますが、当時のアメリカは石油会社の利益を守るために戦争を起こせるような国ではありません。

近衛文麿はギリギリのところで政権を投げだし、東條英機にすべてを押しつけました。

東條は陸相のときは対米強硬論でしたが、首相になってからの五十日は必死に和平を探りました。そこに突きつけられたのが、コーデル・ハル国務長官によるハル・ノートです。内容は、「支那事変以後起きた事態をすべて否定せよ。日本の権益は一切認めない。四年間の事変はすべて無駄だったと認めよ」です。「日本は明治維新以前に戻れ」と言わんばかりです。アメリカ側に同じ内容で突き返すなら、「ハワイをカメハメハ王朝に返せ」「カリフォルニアをメキシコに返せ」「そもそもアメリカ大陸を先住民に返せ」と言うようなものです。およそ真面目な外交交渉の場で持ち出すような内容ではありません。完全に喧嘩を売っています。

しかし、それでも売られた喧嘩は必ず買わねばならないという法はありません。アメリカを無視してインドネシアだけを獲得すればよかったのです。

陸軍にも海軍にも、相当数のソ連のスパイが入り込んでいたことはわかっています。誰がスパイだったかはともかく。海軍は条約派と艦隊派の派閥対立で知られますが、斎藤実も加藤寛治も日露協会の会頭です。疑い出したらきりがありませんが、明確な証拠がないので今後の研究を待ちましょう。

一九四一年六月の独ソ戦に続き、十二月には日米が開戦しました。最初の二年間は一進一退が続くのですが、日独の劣勢は明らかになっていきます。そして一九四五年、ナチス・ドイツは無条件降伏しました。日本に対してもポツダム宣言が発せられます。ほとんど無条件降伏に近い内容です。スターリンはついにナチス・ドイツに勝利しました。

昭和でいえば二十年、もはや余人をもって替え難しで、七十七歳の鈴木貫太郎が首相を務めていました。外相の東郷茂徳はソ連を仲介とした和平を言いだします。

ロシアの法則、「弱いヤツとは話をしない」をまったく忘れています。案の定、スターリンは条約など反故にして満洲に攻め込んできました。八月八日のことです。

万策が尽きたことを悟った日本政府は、ポツダム宣言を受諾します。

悲しいことに、地球の地図から消されてしまったのです。

第八章　ソ連はなぜ冷戦に負けたのか？

主な登場人物

金日成（一九一二年～一九九四年）北朝鮮の独裁者。スターリンの手下。朝鮮戦争を引き起こす。

ヨシップ・ブロズ・チトー（一八九二年～一九八〇年）ユーゴの独裁者。ヒトラーを追い返し、スターリンを脅した、バルカンのカリスマ。

ニキタ・フルシチョフ（一八九四年～一九七一年）ソビエト連邦共産党書記長。スターリン批判をその死後に行い、ソ連の体制を動揺させる。

ジョン・F・ケネディ（一九一七年～一九六三年）第三十五代アメリカ大統領。核戦争を起こしそうになり防いだら、なぜか英雄になった。

リチャード・ニクソン（一九一三年～一九九四年）第三十七代アメリカ大統領。巡り合わせの悪いアメリカ大統領。史上唯一、任期中に退陣。

ロナルド・レーガン（一九一一年～二〇〇四年）第四十代アメリカ大統領。ソ連に軍拡競争を挑み、勝利するアメリカ大統領。アダ名はロン。

ミハエル・ゴルバチョフ（一九三一年～）ソ連の最初で最後の大統領。ソ連の徳川慶喜？ ペレストロイカの着地に失敗した。

中曽根康弘（一九一八年～）第七十一～七十三代内閣総理大臣。戦後政治の総決算を掲げた首相。JR・NTT・JTの民営化はやった。だからどうした？

第一節　「戦勝国」――ソ連が地球の半分を乗っ取る

結局、第二次世界大戦の勝者は誰だったでしょうか。もちろん連合国です。欧米でも建前はそうです。しかし、わかったうえで隠している事実があります。欧州戦線とアジア太平洋戦線の両方にアメリカ軍の参謀長として参加したアルバート・ウェデマイヤー将軍は『ウェデマイヤーレポート』という本を書いています。第二次大戦に関しては必読の書です。日本では講談社学術文庫で翻訳されていますが、『第二次大戦に勝者なし』という、誤訳に近い題名になっているのが残念です。中身は「第二次世界大戦の勝者はスターリンだ」「米英は敗戦国だ」です。だから、欧米のエリートはこの本を読んだうえで触れないことにするという意味で、事実上の発禁図書と化しています。

そもそも、米英の戦争目的は、「ヒトラーに侵略された東欧の解放」と「中国市場で権益を獲得する」でした。いずれもスターリンにかっさらわれました。東欧は五十年近くソ連の衛星国として苦難の歴史をたどります。フランクリン・ルーズベルトは必死になって蔣介石を援助しましたが、日本が敗色濃厚になると今度は毛沢東に同情的になります。ルーズベルトの後を継いだハリー・トルーマンも同じです。結果、蔣介石は台湾に叩き出され中国大陸には中華人民共和国が出現してしまいました。

イギリスに至っては、「バトル・オブ・ブリテン」とはよく言ったもので、ドイツとの本土航空戦では勝利し、ブリテン島には敵兵を一歩も上陸させませんでしたが、しかし、大英帝国の植民地をすべて失ってしまいます。しかも、戦後十年たっても配給生活が続き、フランスやイタリアよりも経済の立ち直りが遅いという惨状でした。

その大英帝国に代わって世界の覇権国家となったアメリカにしても、同盟国となるはずの日本、中華民国（蔣介石）、大英帝国を叩きつぶしてしまい、地球の半分をスターリンにくれてやったわけです。いくらアメリカが、味方をつぶして敵を成長させるのがうまいといっても、やりすぎです。

とはいうものの、絶対に滅ぶはずがない条件で滅びの道をまっしぐらに落ちていった大日本帝国が一番愚かとしか言いようがないのも事実です。

一方、あらゆる滅びのシナリオをかいくぐってアメリカと並ぶ超大国となったスターリンこそ、パーマストンやビスマルクに匹敵する大政治家であることは間違いないでしょう。

敗戦後、「日本は侵略と虐殺をやった悪い国だ」という学界や言論界で支配的だった歴史観への反動として、自虐史観の見直しが始まっています。せっかくなのでそちらのほうの説を紹介しましょうか。

通説

昭和初期の日本は、スターリンとコミンテルンの謀略により滅ぼされた。

間違いではありませんが、単純すぎます。前章までで、スターリンやコミンテルンにも弱点はあったし、多くの錯誤をしていた。そして彼らから見ても、大日本帝国は怖くて仕方がない強国だったというお話をしました。一方的に日本が悪かったというのは論外、スターリンやコミンテルンの責任を問うのもよい。しかし、謀略に負けてしまった反省をしないでいると、いつまでたっても日本は謀略に騙され続ける弱い国のままです。

そして、本節ではウェデマイヤーの議論を踏まえたうえで、スターリン万能論を批判していきます。そのスターリンをも出し抜いた国があったということを指摘して。

一九四五年、ナチス・ドイツと大日本帝国は滅びました。アメリカ人は「悪は滅んだ。これで世界から戦争はなくなる」とはしゃぎ回りました。エルベ川で米ソの兵士が抱き合って喜んでいる写真を見た人も多いでしょう。アメリカ人の頭の中は、あのとおりです。

だから、日本に対して、日本国憲法などというお花畑な内容の憲法を押しつけてきたのです。しかも、GHQ内で日本政府とのすり合わせのために翻訳作業を行っていたトーマス・アーサー・ビットソンはソ連のスパイで、モスクワと逐一交信していたと「ヴェノナ文書」でわかりました。よく「日本国憲法は米定憲法だ」とか「Made in USAだ」とか言われるのですが、実は「Made in USSR」だったのです。日本もアメリカも間抜けです。レーニン風に言えば「砕氷船のテーゼ」、毛沢東風に言えば「夷を以て夷を制す」、アメリカに日本を叩かせて日本人の恨みをアメリカに向けさせるということです。

日本国憲法の思想は教育で浸透しました。日本人は「戦争はこの世でもっとも悲惨なことだ」と習います。では、その戦争とはなんのことか。日本がアジアを侵略し、アメリカを騙し討ちしたことです。そして、日本がやられたことといえば、アメリカ軍の空襲です。かくして、アジアへの贖罪意識とアメリカへのコンプレックスが混じった反感だけが醸成されます。そこに「ソ連」への言及はありません。ソ連のスパイ活動は割りきったもので、「反ソでも反米なら構わない」といった態度で、多くの保守系政治家が籠絡されました。むしろタカ派政治家ほど簡単に攻略されたと、「レフチェンコ証言」や「ミトロヒン文書」で明らかになってきています。

残念ながら、日本は国名ではなく単なる地名に成り下がりました。アメリカの持ち物である日本にソ連がちょっかいを出すという時代の始まりです。そしてアメリカはといえば、ソ連と共産中国の二大大国を一人で相手にしなければならなくなりました。大日本帝国が存在していれば……と言いたくなりますが、スターリンの口車に乗って、滅ぼしてしまったので自業自得です。大日本帝国が健在であれば、どれだけアメリカの国益は守られたでしょうか。まさしく、後の祭りです。

一九四七年になると、ようやくお馬鹿なアメリカ人も、「ソ連が敵だ」「地球の半分がソ連に乗っ取られた」と気づきます。いわゆる冷戦の開始です。

一九五〇年（昭和二十五年）、朝鮮戦争が勃発しました。北朝鮮の金日成が南下して、韓国を占領したのです。プサン以外、すべて金日成が占領してしまいました。あわてたアメリカは国連軍を組織して――つまり地球の半分を味方につけて――北朝鮮を追い返しました。すると、毛沢東が人民解放軍を鴨緑江から南になだれ込ませます。国連軍は一気に三十八度線まで押し返されました。以後三年間、国境線を押し合いへし合いする膠着状態に陥ります。結果、国境線を多少修正して停戦することになるのですが、アメリカにとっては負けに等しい引き分けになりました。

これを仕組んだのは、もちろんスターリンです。なぜ国連軍が組織されたのでしょうか。韓国人の研究者が発見した史料でわかったのですが、スターリンはわざと国連総会を欠席して、アメリカが提案した国連軍を組織することを邪魔しませんでした。ソ連は国連の安全保障理事会で拒否権を持っていますから、ここで拒否権を行使したら国連軍にはなりません。そして国連軍が鴨緑江まで迫ると、毛沢東の中国軍を突っ込ませました。中国としては、鴨緑江まで海洋勢力が迫ると、安全は保障されません。日露戦争前に焦点となったように、朝鮮半島の三十九度線（真ん中の三十八度線ではない）こそが大陸勢力と海洋勢力の国益がぶつかる地政学的な生命線なのです。だから毛沢東は内戦による建国直後であるにもかかわらず、世界の半分を敵に回して戦わねばならなかったのです。スターリンは申し訳程度に義勇兵を送るくらいで、自分の手を汚さず、アメリカに「負けに等しい引き分け」を叩きつけたのです。

しかし、毛沢東もスターリンに猟犬のような扱いをされていただけではありません。毛沢東の戦争目的は三つありました。

第一は、反対派の粛清です。

スターリンは北朝鮮に金日成を送り込んで傀儡政権を樹立したように、満洲でも政敵の高崗に同じことをやらせようとしました。毛沢東への牽制です。これに毛沢東も黙って従いはしません。歴代中華皇帝は建国直後に「口減らし」のために対外戦争を仕掛け政敵を死なせることをよくしますが、毛沢東も同じでした。

第二は、満洲の確保です。大戦最末期に満洲の日本軍を壊滅させたのはソ連です。毛沢東は満洲に「中国の主権」を主張します。満洲には日本が満洲国建国以来築いた重工業地帯がありますから、ここを押さえれば中国全土を支配したも同じだと考えたのです。ただで渡してくれるわけがないスターリンに、毛沢東は朝鮮戦争でスターリンの思惑どおりに〝猟犬〟を演じることで満洲を我が物としました。

第三は、アメリカなどの海洋勢力を押し返すことです。中国はソ連以上に人の命が安いので、何人戦死者が出ても気にしませんし、むしろ敵対勢力の兵隊など死んだほうがうれしいに決まっています。また、北朝鮮が南との緩衝地帯（クッション）として復活したのは、おまけかボーナスのようなものです。

かくして、毛沢東は満洲を手に入れました。朝鮮戦争は、一九五三年のスターリンの死により停戦し、今も停戦状態が続いていることになっています。

もう一人、第二次大戦に勝利したスターリンと張り合って勝った人物がいます。

第二節　「チトーとフルシチョフ」——スターリンに逆らった男

ソ連は第二次世界大戦の勝利により、東欧諸国を衛星国としました。東ドイツ、ポーランド、ハンガリー、チェコスロバキア、ルーマニア、ブルガリア、アルバニアと、ドイツやイタリアに占領された国はソ連に忠誠を誓わされます。ソ連傀儡の独裁者が人民を支配する苦渋の時代が約四十五年間続きます（とはいうものの、ブルガリアのトドール・ジフコフとアルバニアのエンベル・ホッジャは心の底からソ連に忠誠を誓っていましたが、人民にとっては大迷惑このうえないことには変わりないでしょう）。

唯一の例外が、ユーゴスラビアのチトーです。

ユーゴスラビア王国はドイツ国防軍の侵攻により十日で降伏しましたが、チトーはパルチザン（ゲリラ）を率いて、自力で追い返しました。同じユーゴ人どうしの壮絶な内ゲバを繰り返し、人口の一割を減らししながら。

だから、チトーとしてはスターリンに指図される気はありません。これがスターリンには気に入らず、「最近のお前、反抗的だからモスクワに来て言いわけしてみろ」とやるわけです。のこのこ出ていって暗殺されてはたまりませんから、チトーは無視します。するとスターリンはチトーの暗殺を謀ったり、不満分子にクーデターを指嗾《しそう》してみたりと、命にかかわるような嫌がらせをしてきます。チトーも負けじと不満分子の大臣を粛清したり、秘密警察を使って殺し屋を全員捕捉したり、最後は「こっちからも殺し屋を送っていいですか」と逆に恫喝までしています。チトーが国民に対して呼びかけたときは、その演説を一週間ぶっ続けでラジオ放送しました。全国民が耳を傾けたので、国内の生産活動が一週間止まったほどです。最初の一日は「我々がいかにしてドイツと戦い追い払ったか」、残りの六日は「全人民よ武器を獲れ」です。

一九四八年、ユーゴ危機と言われる事件です。震え上がったスターリンは、生きている間にユーゴに手出しすることはできませんでした。

ただし、チトーは何も考えずに凶暴さをアピールしたわけではありません。一九四五年の大戦終結以来、東アジアでは国共内戦のやり方をめぐってスターリンと毛沢東が対立していました。もちろんアメリカという共通の敵はいるのですが、スターリンは毛沢東と蔣介石を天秤にかけようとするのです。毛沢東は「俺はアンタのために命懸けで戦っているのだから、アンタも俺のほうに一本化しろよ」と鍔ぜり合いをしているわけです。毛沢東のほうも、スターリンがチトーともめ始めたので、朝鮮戦争で強気の交渉に出たのです。

チトーも毛沢東も、ロシアの法則「二正面作戦はしない」を熟知していたのです。その後のチトーは、アメリカ陣営にもソ連陣営にも属しない「非同盟外交」を推進しますが、これに協力したのが毛沢東側近の周恩来なので、早い段階で了解があったのかもしれませんが、証拠がないので断定は避けます。

一九五三年、三十年間ソ連の独裁者として君臨したスターリンが、ついに死にました。ソ連国内では、スターリン側近の秘密警察長官ラヴレンチー・ベリヤが処刑され、後継争いに勝ったニキタ・フルシチョフが実権を握ります。

朝鮮戦争は終結し、「雪解け」ムードが演出されました。日本の鳩山一郎内閣は日ソ交渉に乗り出します。そうそう、「通説」を書くのを忘れていました。あと、この本の題名が「日露」であることも。ということで、通説は「日本目線」でいきましょう。

通説

鳩山一郎内閣は、日ソ共同宣言でソ連との国交を回復し、シベリア抑留者の帰還を実現し、国連にも加盟することができた。

すべて本当です。でも歴史として語るには、あまりにも小さなことしか見えていません。日本史だけで、日本のことだけを見て、日本の視点からだけで語るからこうなるのです。せめてソ連の目線にも立たないと、一方的になります。本節では、当時のソ連の指導者であるフルシチョフが何を見ていたかをお話しします。

フルシチョフは、それまで神のごとくあがめられていたスターリンの悪行を告発します。一九五六年のスターリン批判です。ロシア独特の自虐的冗談をアネクドートと言いますが、こんなのが流布しました。

フルシチョフが壇上でスターリン批判をした。会場には紙が回っていて、フルシチョフの演説をクスクス笑っています。フルシチョフはその紙を持ってこさせました。そこには「なぜそれをスターリンが生きている間にしなかったのか」と書かれていました。フルシチョフは激怒して、「これを書いたのは誰だ？　名乗り出ろ！」と怒鳴りあげました。会場は恐怖で震え、沈黙が支配します。するとフルシチョフは、「三年前まで、私も今の君たちと同じだったんだよ」と笑ったということです。

あまり冗談になっていません。死んだスターリンに忠義立てするヤツが出てきたらフルシチョフとて自分の身が危ないわけです。現に、「スターリン、俺の親友」と公言してはばからなかったアルバニアのエンベル・ホッジャはソ連との断交までしてしまうのですから。だから三年待って自分の権力基盤を固めてから、批判を行ったのです。

毛沢東はスターリン批判の第一報を聞いたとき、「スターリンに手をかけるとは、フルシチョフやるな」と思ったそうです。次に、「この状況を利用できるな」と考えたに違いありません。毛沢東はことあるごとにフルシチョフを批判し、中ソ論争に至りました。アメリカ率いる西側諸国はこれを何かの芝居と考えたようですが、毛沢東は邪魔者でしかなかったスターリンを偶像から引きずり下ろしたフルシチョフに腹の中では感謝しながら、ソ連の軛を脱するチャンス到来とばかりに造反したのです。

チトーは、さらに強気でした。ブルガーニン首相を首都ベオグラードにまで呼びつけて過去の数々の敵対行為を謝罪させますが、ソ連共産党第一書記のフルシチョフには「お前は来るな。お前に謝罪などさせない」という態度でした。これには理由があります。

ソ連は典型的なファシズム国家です。日本の学界や論壇ではファシズムのことを「悪いヤツ」という、およそ学問的厳密性のかけらもない定義がまかり通っていますが、違います。ファシズムとは、党が国家の上位にある体制のことです。「一国一党」とも言います。ナチスもそうでした。ナチス以外の全政党を解散させ、国家の上に党がある状態で独裁政治を行いました。日本の学界や論壇でファシズムの本当の定義を言わないのは、人類の理想郷であるソ連邦が悪の権化であるナチスと同じ体制であると言いたくなかったからです。こういう議論にも値しないデマは、東京大学法学部教授の肩書はあるけれど言っている中身は今のネトウヨ以下という丸山眞男なる人物が広めました。

チトーは自分も共産主義国のユーゴで同じことをやっているのですから、ファシズムの本質を熟知しています。だから、国家の代表であるブルガーニンには敷居をまたがせても、党の首領であるフルシチョフは国境の中に入れないのです。小国の共産党が大国の共産党と仲良くしたら、飲み込まれる。それがわかっているからこそ、こういう態度に出たのです。日本共産党が中国共産党と喧嘩して謝罪させたはいいけど、その後は中国共産党寄りの言動ばかりなのは、そういうことです。あんまり書くと左翼の常で、内容証明を送ってきたり裁判に訴えられたりするので書きたくないのですが、書いてしまいました。

さて、フルシチョフだって、只者ではありません。彼は肉体労働者出身のたたき上げで、スターリンの粛清を生き抜き、死後の権力闘争に勝った男です。フルシチョフの「雪解け」を信じて、なんの力もないのに反旗を翻した国があります。ハンガリーです。

ハンガリーの青年たちは自由を求めて決起しました。平和的な決起のつもりでしたが、ソ連からすると「そんなに俺の子分でいるのが嫌か」です。こういうときにソ連がやるのは、「戦車に乗って表敬訪問」です。このときのアネクドートに、「西側諸国は東欧に行くのに列車を使うが、ソ連は戦車に乗ってやってくる」というのがあります。アメリカ以下西側諸国は口先では非難しますが、誰も本気で助けようとしません。アメリカ人だってソ連人だって、口ではいかなるキレイごとも言いますが、思考回路も行動パターンも地政学でできあがっているのです。ソ連が縄張りのハンガリーで何をしようが、アメリカの知ったことではありません。今のチベットだって一緒です。アメリカ人がチベット人のために核戦争覚悟で中国と喧嘩するなどありえません。

ハンガリー人は見事なまでに戦機を見誤りました。

同じ年、スエズ動乱こと第二次中東戦争が起きています。アラブ諸国はユダヤ人の国であるイスラエルを抹殺しようと虎視眈々と機会をうかがっていました。逆にイスラエルは生存権を少しでも広げるためにエジプトと隣接するシナイ半島の占領を企図していました。シナイ半島には交通の要衝であるスエズ運河があります。大英帝国の覇権の象徴です。中東での利権を維持したい英仏とイスラエルの思惑が一致し、エジプトとの軍事衝突に突入しました。軍事的にはエジプトの大敗です。ところがここで、冷戦で対決しているはずの米ソが手を組むのです。ソ連は自分の子分のエジプトを守るため、アメリカは英仏の中東での利権をかっさらうため、利害が一致したのです。

あげくの果てに、フルシチョフは英仏に対して核の恫喝まで行いました。英仏が核武装を決意するのは、このときの屈辱からです。

同じ年、日ソ共同宣言が発せられ、日ソが国交を回復、敗戦時に抑留された五十万の日本人が帰国できました。それは、アメリカがスエズでソ連と手を組み、ハンガリーでの悪行を黙認したことへの代償だったのです。ソ連は長らく日本の国際連合（正訳は国連ではなく、連合国）加盟を拒否していましたが、日ソ共同宣言で認めます。日本人は国連（しつこいですが連合国）にわけのわからない幻想を抱いていますが、ここまでして入れてもらうほどのものだったでしょうか。

フルシチョフといえば、キューバ危機です。キューバ危機はなぜか、ジョン・F・ケネディの偉業をたたえる話になっていますが、フルシチョフは負けたわけではありません。

事の発端は、一九五九年にキューバでフィデル・カストロとチェ・ゲバラの二人が親米政権に対して革命を起こし、社会主義政権を樹立しました。二人とも社会主義とは何か、あまり考えてなかったようですが、「アメリカが嫌がるならそれでよい」ということで採用しました。アメリカに泳いで行けるキューバが自分の陣営に入ったフルシチョフはここに核ミサイルを持ち込みました。

アメリカ政治学を鵜呑みにしている学者先生は、「このときのケネディは核戦争の危険を顧みず、核の恫喝にも屈せず、ついにフルシチョフに核の撤去を認めさせた」と褒めたたえるのですが、なぜかその条件に「アメリカがトルコに配備した核ミサイルの撤去」があったとは誰も言いません。むしろフルシチョフにとっては勝利とも言えます。

ロシアはソ連になっても外交上手だったということです。

第三節「冷戦」――軍拡という名の経済戦争に敗北

通説

ロシアの指導者はハゲとフサフサが交互である。

これを「ハゲ・フサフサの法則」と呼ぶ。

レーニン（ハゲ）、スターリン（フサフサ）、フルシチョフ（ハゲ）、ブレジネフ（フサフサ）、アンドロポフ（フサフサ）、ゴルバチョフ（ハゲ）、エリツィン（フサフサ）、プーチン（ハゲ）。

概ね合っているようです。この法則、有名ですし。マレンコフは実権を握ったとはいえないのと、チェルネンコは影が薄いので外しました。マトリョーシカでもあんまり出てこないですし。アンドロポフもKGB議長を十五年もやっていて権力を握っていた時期は長いのですが、ソ連のトップである党書記長は短いので、はずされることもあります。マトリョーシカで。とすると、「ハゲ・フサフサの法則」は完璧です。

さて、ハゲのフルシチョフは、ブレジネフとアンドロポフに裏切られて失脚します。一九六四年のことです。党書記長のブレジネフを、KGB議長のアンドロポフが支える体制となります。彼らの想いは、「フルシチョフはやりすぎた」です。政権末期は経済状態が悪化するわ、国連で靴を脱いで演説するわ、幹部に怒鳴り散らすわ、要するに「イタい人」と化してしまったわけです。何より、スターリン批判の影響は大きすぎました。

クーデターで失脚しても「一生、年金暮らし」ができるだけでありがたいと思え、がロシアの政治です。ロシアの政治家もスターリンとベリヤで懲りたので、「人は殺してはいけない」ということに少しは気づいたのです。プーチンはまったく知らないようですが。

しかし、「人を殺してはいけない」というのは、政治家の間だけの暗黙の掟で、人民や外国人には関係ありません。

一九六八年、プラハの春が発生します。これはチェコスロバキアで起きた自由化運動ですが、もとをたどればフルシチョフのスターリン批判に行き着きます。それまで神のごとく信じていたスターリンが大悪魔だった。これで動揺が発生したのです。

なぜスターリン批判がそんなに重要なのか。天才とナントカは紙一重と評するのがふさわしい政治学者・社会学者で評論家の小室直樹さんの代表作が『ソビエト帝国の崩壊』（光文社、一九八〇年）です。現在では、「誰もソ連が崩壊するなどと思っていない時代に、その崩壊過程まで含めて予言した」と評価されている本です。そこで小室先生が強調しているのは、「スターリン批判によりアノミー（無連帯）が起こった」です。そもそも、人は社会的動物であり、他人とつながっていなければ生きていけない。しかし、他人と断絶し社会の中に自分の価値を見いだせなくなったときに自殺をする。たとえば、自分がそれまで信じていた価値観がすべて嘘だと思い知らされた瞬間にアノミーを起こす。小室先生は、「イエスが実はベールゼブブだったと知ったキリスト教徒の心境を想像せよ」とたとえていました。自分の好きな清純派アイドルが過去にAV女優だったと知って自殺したファンがいましたが、あれの大規模版だと思ってください。

現在、中国共産党は、毛沢東批判だけは絶対にタブーです。中国人がアノミーを起こして反政府暴動でも起こされたらたまったものではないからです。逆に反主流派や反政府勢力は、毛沢東崇拝に仮託して共産党を責めたてます。共産党が毛沢東の批判をできないことを知っているからです。「毛沢東のときはこうだったぞ（今は？）」とやるわけです。そこには触れずに暴力で弾圧するのですが、そういう中国共産党の態度を見ていると小室先生の主張の実践性がよくわかります。

さて一九六八年にアノミーを起こしたチェコ人がソ連からの自由化を求めてデモを起こしました。チェコスロバキアの共産党政府が崩壊寸前の勢いになります。

これをソ連は、「戦車に乗って表敬訪問」で押しつぶしました。

一九六九年には、中国と国境紛争を起こします。珍宝島（ダマンスキー島）で武力衝突し、力で中国を叩きのめします。しかし、これくらいでは中ソ論争は止まらず、中国は完全にソ連の軛から脱しました。

一九七一年、中ソの対立が八百長（カムフラージュ）ではなく、本気だと判断したアメリカは、ニクソン大統領が中国訪問を発表します。ニクソンショックです。

アメリカは泥沼化するベトナム戦争に苦しんでいました。北ベトナムの後ろ盾はソ連です。そこで、ソ連と仲たがいした中国を味方に引き入れ、事態を打開しようとしたのです。

中国が米英仏の陣営につくと、五大国の中でソ連だけが孤立することになります。そこでロシアの法則発動です。「困ったらわけのわからないキレイごとを言いだす」。ソ連はアメリカに「緊張緩和」「核軍縮」を持ちかけ、ニクソンは「タカ派の俺だからこそ、ソ連と話ができた」などと悦に入ってしまいます。しかし、核軍縮はまったく進まず、緊張緩和でソ連は国力回復の時間稼ぎをしただけでした。フルシチョフの「雪解け」もそうでしたが、ロシアがキレイごとを言うのは、時間稼ぎをしたいときなのです。

ニクソンがウォーターゲート事件で失脚した後を継いだジェラルド・フォードはともかく、政権交代した民主党のジミー・カーター大統領は、ことごとく対外政策を間違えます。

選挙運動中から、「ソ連のユーゴ侵攻はアメリカの国益を脅かさない」とか、「軍事独裁政権の朴正熙を見捨てる」とか、意味不明な発言を連呼します。これまでの章を読んでこられた方なら、バルカン半島や朝鮮半島が動乱になったらどうなるか一目瞭然でしょう。晩年のチトーはそれでも耐え抜きましたが、まだ若かった朴正熙は暗殺されています。

一説には、朴正熙が核武装を考え始めたので、警戒心を抱いたアメリカが黒幕となって暗殺したとも言われます。真偽はともかく、カーターが朴正熙に冷たかったのは確かです。カーターは今でも北朝鮮と仲良しですが。

四年間、「負け犬カーター」による、アメリカ暗黒時代となります。

ソ連にとっては、チャンス到来です。一九七九年、ソ連軍がアフガニスタンに直接侵略を加えます。それまで、間接侵略でアフガンの政権を言いなりにさせてきたので、最後の仕上げとして軍隊を進駐させたのです。結果、これが大失敗になります。ちなみに、のちにアメリカの宿敵となったウサマ・ビン・ラディンは、傭兵としてソ連軍と戦っています。

一九八一年、「強いアメリカ」を掲げる、ロナルド・レーガン大統領が登場します。レーガンは、本気でソ連をつぶそうとします。ちょうどこのころから、ソ連は「偉大なる葬式の四年間」を迎えます。たった四年の間に、ブレジネフ、アンドロポフ、チェルネンコが相次いで死にました。だから、「偉大なる葬式の四年間」です。

そして、ペレストロイカ（再建）を掲げる、ミハエル・ゴルバチョフが登場します。

この時期、西側陣営では長期政権が続いています。ロナルド・レーガン米大統領（八年）、マーガレット・サッチャー英首相（十一年）、フランソワ・ミッテラン仏大統領（十四年）、ヘルムート・コール西独首相（十六年）、えーと日本は……あのバーコード……そうそう、中曽根康弘（五年）といった感じです。

レーガン、サッチャー、ミッテラン、コールの四人は結束し、ソ連に対して軍拡競争を挑みます。アメリカは核ミサイルを中心に軍拡を始めます。対するソ連も負けじと核ミサイルを増やします。軍事的均衡がとれていれば戦争になりませんが（誰だって核の報復で痛い目に遭いたくありません）、一方が圧倒的な力を持てば言うことを聞かせられますし、聞かなければミサイルを撃ち込んで終わりです。だからソ連も核ミサイル開発をするのですが、アメリカはさらに軍事費を投じます。そうなると、経済力の弱いほうが破綻します。ゴルビーさん、これで音を上げました。

そういえば、すっかりこの本で忘れられていた日本という国の話をしましょう。現在の情勢を考えるうえで大事な話ですから。

一九八五年、米英仏独日の五か国の蔵相が集まって、プラザ合意をしました。貿易赤字と財政赤字の双子の赤字に苦しむアメリカが、西ドイツと日本に強制的にマルク高&円高を要求したのです。米英仏に責めたてられて独日は要求を呑みました。なぜ呑まなければならなかったのかというと、米英仏が命がけでソ連に軍拡競争を挑んでいるのに、お前たちは憲法（ドイツの場合は基本法と言います）とやらを盾にして軍事的協力をしない。だったら、〝矢銭〟を出せということです。

要するにソ連に軍拡競争を挑むにはカネの裏付けがいるので、世界第二位と三位の経済大国である日独両国に負担させようということです。しかし、強制的な円高はむちゃくちゃです。一年で一ドル二百四十円から百二十円になりました。同じものを売っても、前年は二百四十円で売れた商品が、百二十円でしか売れないのです。これに百億とか、千億をかけてください。同じ商品が同じ額だけ売れたとして、二百四十億円の売り上げが百二十億円に減るのです。当たり前ですが、輸出業者を中心に倒産が相次ぎました。

この状況に危機感を抱いたのが、大蔵省の大場智満財務官です。大蔵省では官僚のトップは事務次官（大臣は政治家なので、官僚のトップは〝次官〟の名称）で、予算を司る主計局の出身者がなります。その一方、金融畑の人の頂点が財務官で、大蔵省では次官に次ぐ格付けです。大場財務官の問題意識は、「日銀は何をしているのか？」でした。急激な円高ということは、円の価値が異常に高まるということであり、汗水流して働いた商品の価値が相対的に低下します。ならば、通貨発行権を持つ日本銀行がお札を市場に流せばよいだけではないのか。

当時の日銀副総裁はプロパーの三重野康ですが、総裁は大蔵省出身の澄田智です。大場は現職次官の山口光秀を動かし、澄田総裁に働きかけて金利の引き下げによる金融緩和（つまり市場にお札を流す）をやり、円の量を増やすことでモノ（しつこいですが汗水流して働いた結晶である商品）とのバランスを取ろうとします。この動きに対して、アメリカの中央銀行にあたるＦＲＢは何がしたいのか「もっとやれ」などと日本に圧力をかけ、日本側が泣く泣く嫌々従っているふりをしているうちに、一年で地獄の円高不況から抜け出します。日本は「アメリカ様に言われたからやっただけですが、何か？」と強気に出られます。あげくの果てにＦＲＢの内部で「なんであれだけ日本や西ドイツに圧力をかけたのに、我々の不況が悪化するのだ」という声が上がり、議長解任のお家騒動が起きたりします。日本もカネ余りから調子に乗ってバブルまで突き進んだので、お後がよろしくないのですが。

以上の話、日銀出身者の大学教授である黒田晃生氏が『日本銀行の金融政策（１９８４年～１９８９年）―プラザ合意と「バブル」の生成―』（明治大学社会科学研究所紀要、二〇〇七年）という論文で「澄田総裁の責任を追及する」という目的で書かれていますので、事実関係は間違いないでしょう。

後日談を言いますと、このときの恨みか、金融緩和をした山口さんは日銀に嫌われてしまいました。三重野総裁の後釜として天下りするのではないかという噂が流れた瞬間、愛人との密会を写真週刊誌に流される、という仕打ちまで受けています。誰が流したかは不明ですが。

今の黒田東彦日銀総裁は、プラザ合意を吹き飛ばした澄田総裁と大場財務官を合わせた力を持っているのですから、これでデフレを吹き飛ばせなかったら、いったいどんな勢力が邪魔をしたのかという話になります。

ちなみに、プラザ合意のときには、ソ連は日銀や大蔵省に明らかに浸透できていません。第二次世界大戦終了後、本書で急に日本が出てこなくなりましたが、ソ連は日本に浸透できていないので、あまり出しようがなかったのです。マスコミや論壇は親ソ派の天下で、それはそれで大きいのですが、政官界はなんと言っても親米派です。一番わかりやすい政界では、与党自民党がアメリカの代理人、野党第一党の社会党がソ連のエージェントです。社会党は、政党のくせに政権を取る意思がない、与党の自民党から支援されて野党第一党の地位を守るという、腑抜け集団です。社会党が野党第一党として存在するだけでほかのまともな野党は伸びることができない。そういうデメリットがある一方、ソ連工作員が与党に入り込めないというメリットもありました。

一九七二年の北京政府の国家承認以来、中国は自民党に入り込みます。親中派の田中角栄が総理として、あるいは総理大臣のキングメーカーとして北京の意向に沿った政治を行っています。ソ連と中国は同じ共産国でも、ごっちゃにしてはいけません。

ソ連が日本政界に入り込めるのは、一九八〇年代の鈴木善幸内閣と中曽根康弘内閣のときです。

第四節 「ゴルバチョフ」――ソ連がロシアに負けた日

通説

アメリカ大統領と「ロン」「ヤス」と呼び合える関係を築いた親米政治家・中曽根康弘は、ソ連を滅ぼすために協力した反共の政治家だ。

日本ではこれが常識ですが、アメリカの日本研究者などは「中曽根は親ソ派だ」と考えています。このギャップはなんなのでしょうか。純粋な事実特定ではなく評価が混じらざるをえない話なのでなんとも言えませんが。しかし、政治家では後藤田正晴官房長官、民間人ブレーンとしては瀬島龍三を重用した政権は、親米派ではなく親ソ派と評価したほうが適切だと思います。

レーガンやサッチャーが中曽根を重宝したのは、「日本海がソ連の海になった」と言われるような大軍拡をしているときに、日本が西側陣営から離脱したら共同戦線が崩壊してしまうからです。だから、つなぎ止めるために中曽根を持ち上げていたにすぎません。

中曽根に関しては、浜田幸一代議士が「憲法論議と北方領土交渉をダメにした」と一刀両断の評価を下していました。前者は「保守っぽいこと」を言いながら憲法体制にはまったく手をつけなかったこと、後者は勝手に千島列島全体の請求権を放棄していわゆる北方領土四島に限定してしまったことを指します。中曽根は「戦後政治の総決算」などと言いながら何もしませんでしたが、「戦後レジームの脱却」を唱える安倍総理には、ぜひとも中曽根を反面教師として頑張ってほしいものです。

さて本筋に戻りますが、ゴルバチョフは軍拡競争に耐えかねてついに音を上げてしまいました。米ソは直接の軍事衝突は一度もないのですが、経済的破綻で参ってしまいました。

ゴルバチョフはレーガンと、中距離核ミサイルの撤廃を約束しました。

冷戦期、間接侵略において、西側諸国はソ連にやられっぱなしでした。自由主義諸国と共産主義国では、スパイの自由度が違います。ソ連のスパイは自由主義国に好きに入り込めるのに、西側のスパイはソ連に容易に入れないからです。

一九八一年、ポーランドで「連帯」という労働運動を指揮していたワレサ議長を、ローマ教皇のヨハネ＝パウロ二世が訪問しました。このときの教皇ヨハネ＝パウロ二世もポーランド人です。教皇の訪問に、敬虔なカトリックが多いポーランド人は熱狂しました。

一九八九年、レーガンの後継ブッシュは、ゴルバチョフと「冷戦の終結」を宣言しました。この年、ベルリンの壁が崩壊するなど、ソ連の衛星国だった国々は陸続と独立を宣言します。その裏にいたのは、ハプスブルク家です。

ソ連の衛星国のうち、ポーランド・ハンガリー・チェコスロバキアはハプスブルク家の旧領です。ハプスブルク家当主のカール大公は精力的に旧領の国々を説得して回ります。これらの国々はソ連に対して面従腹背ですから、効果は多大です。

そして「ヨーロッパピクニック」と称し、人民が西側への大移動を始めます。「どうやら西側諸国には自由があるらしい」「今のこんな生活は嫌だ」「今まで東の我々が楽園で、西のほうが劣っていると教えられてきたが、嘘でしょう?」となりました。完全にアノミーです。こうなると、「なぜこんなヤツらに従わねばならないのだ」となり、国家は崩壊します。ブルガリアやルーマニアもピクニックに加わり、すべての東欧諸国がソ連の支配を脱しました。ソ連は外国を支配するすべがありません。

ゴルバチョフは初代にして最後のソ連大統領となるのですが、最高指導者が党の役職ではなく国家の役職であることの意味は極めて大きいのです。つまり、党が国家の格下に転落したということなのです。ファシズムは崩壊し、共産党支配は終焉します。そうすると国家としてのタガが外れます。

ソ連は十五の共和国からなる連邦国家ですが、真っ先にエストニア・ラトビア・リトアニアの三国が離脱します。

これを引き締めようと、一九九一年八月、軍部がクーデターを起こしました。しかし、三日で鎮圧されます。民主化を求めるロシア共和国大統領のボリス・エリツィンが民衆のデモを率い、軍の行動を街頭で邪魔したのです。アノミーを起こした赤軍の軍人は、かつてのように無抵抗の人民を踏みにじることはできなくなっていたのです。

ロシア共和国は、ソ連邦の領域のほとんどを占めています。ここで見逃してほしくないのは、「ロシアの宿敵はソ連」ということなのです。

そもそも、ソ連はロシア帝国を乗っ取って成立したファシズム国家です。頂点にいるソ連共産党は、ソ連邦政府だけでなく、ソ連邦内の十四の共和国の共産党や、衛星国の共産党にも指令を下します。それぞれの共和国の共産党は十四の共和国や衛星国を支配しているので、間接的にその国家へ指令を下したことになります。ところが、ロシア共和国にだけはロシア共産党を置かずに、ソ連共産党が指令を下していました。直接統治です。

ソ連邦のほとんどはロシア共和国です。ロシアに造反されたら、ソ連など抜け殻です。

だから、こういう体制になっていたのでした。

ところが、ソ連共産党の権威は地に落ち、国家としてのソ連も大統領がクーデターに巻き込まれてエリツィンに助けられる始末です。ロシアとソ連の力関係は逆転しました。

十二月、エリツィンはウクライナとベラルーシを誘ってソ連邦からの離脱を宣言します。

これに、八つの共和国が追随しました。

たったこれだけ、と言ってしまえばこれだけですが、ソ連という国はあっという間に消滅しました。

　かつて地球の半分を支配した国の、あっけなさすぎる最期でした。

終　章　ロシアの苦悩とプーチンの野望

主な登場人物

ボリス・エリツィン（一九三一年〜二〇〇七年）　ロシア連邦初代大統領。後年は独裁化し、プーチンに禅譲。

ビル・クリントン（一九四六年〜）　第四十二代アメリカ大統領。外交音痴。エリツィンのメンツをつぶしまくり、ロシア政治の逆行を招く。

スロヴォダン・ミロシェビッチ（一九四一年〜二〇〇六年）　セルビア大統領。クリントンに「独裁者」のレッテルを貼られてしまう。

江沢民（一九二六年〜）　中国国家主席。クリントンをたぶらかし、勢力を伸ばす。

ウラジミール・プーチン（一九五二年〜）　現代ロシアの独裁者。ガスプロムの利益代表としてロシアを支配。

麻生太郎（一九四〇年〜）なぜか日本の首相。今もなぜか副総理兼財務大臣。

白川方明（一九四九年〜）　第三十代日本銀行総裁。日本銀行総裁として首相以上の権力をふるい、日本をデフレに陥れる。

安倍晋三（一九五四年〜）首相に返り咲く。戦後レジームの脱却を掲げるが、果たして。

第一節　「コソボ紛争」――エリツィンのメンツをつぶすクリントン

一時期は地球の半分を支配したソ連邦は、あっけなく滅びました。

ボリス・エリツィンが、ソ連を構成していた共和国のうち、バルト三国を除く国々に呼びかけて、独立国家共同体（ＣＩＳ）を結成し、最終的に十二か国すべてが集まって緩やかな連合を組みます。

このころ、西側のマスコミはエリツィンをロシア民主化の旗手として持ち上げました。彼の歴史的評価はどうでしょう。

通説

酔っぱらいのおじさん。


よく、テレビで酔っ払って踊っている映像が流れたものです。

引退後はアメリカのテレビのインタビューを受け、「今や米ソ冷戦時代のような二大超大国時代ではなく、アメリカ一極集中時代になっているのではないか？」との質問に対し、言下に「そんなことはない!!」と言い切りました。

その理由は、「昨日の女子バレーボールの試合では、アメリカに三対〇で勝ったから」。

面白いおじさんです。ただ、さすがにこんな与太話だけで片付けてしまうのも不まじめすぎるので、まじめに検証してみましょう。

基本的には、評価が定まっていないので学問的な通説はありません。研究はこれからです。「ソ連を倒したロシアの大統領」の構造は前章でお話ししました。レーニン以来の歴史を確かめればわかるのですが、ソ連はロシアを乗っ取った国であり、ロシアを抑えつけることによって権力を維持した国であり、そしてソ連の天敵はロシアなのです。よって、エリツィンはロシアの愛国者（国家主義者）であり、民族主義者です。ソ連によるファシズム体制は敵です。

ソ連は国家の上に党がある体制です。しかし、それゆえに三権分立の原理が働きます。もちろん、立法・行政・司法ではありません。そんなものは、共産党の下部組織です。

ソ連の三権分立とは、共産党・秘密警察・赤軍です。

軍隊は国家に忠誠を誓う存在です。国家を支配する党には直接の忠誠は誓いません。本気で戦えば、武力を持つ軍は党に勝ってしまうので、党は秘密警察を使って軍人を監察します。軍人は軍隊を率いていれば強いのですが、個人が強いわけではありません。基本的に党が政権を握っているので、秘密警察に対する命令権があります。党と秘密警察は一体とも言えますが、党書記長であっても、秘密警察を押さえているかどうかで権力掌握度は変わってくるのがロシアの政治です。

党＞秘密警察＞軍＞党

ロシアに限らず、ファシズム国家の三権分立はこんなものです。その昔、「ソ連じゃんけん」をしたものです。

チェッカー（チョキ）♪　チェッカー（チョキ）♪　パルタイ（パー）〜
パルタイ（パー）♪　パルタイ（パー）♪　赤軍（グー）〜
赤軍（グー）♪　赤軍（グー）♪　チェッカー（チョキ）〜〜

普通のジャンケンと勝ち負けが逆なのが難点ですが。

パルタイとはドイツ語で党のこと。チェッカーとはレーニンの秘密警察のことで、GPUやKGBに組織改編されてもあだ名として使われていました。日本では、学生運動に参加した世代のおじさんたちが所在地にちなんで「代々木」と呼ぶのと同様、「パルタイ」と言えば日本共産党のことを指しました。

それはさておき、ロシア（地方）はソ連（中央）を倒すことになります。ソ連崩壊の過程で、党・軍・秘密警察の三権はどうなったでしょうか？

前章でゴルバチョフが党総書記から大統領に〝格下げ〟になったことは、共産党の失墜を意味するとお話しししました。〝三権〟のバランスが崩れてしまいます。

一九九一年のクーデター未遂事件で、軍やKGBの大半はクーデターに同調せず日和見、つまりエリツィン寄りの中立を保ちました。こうした形勢を見て取って、エリツィンは十二月に「ソ連邦からの独立」を宣言したのです。エリツィンの一声で、ソ連共産党もソ連邦も一瞬にして消滅しました。

エリツィンは、ロシアをソ連から取り戻した救国の英雄であることは間違いありません。日本を含めた西側諸国の人間はあまり評価しませんが、私がロシアの歴史家ならば何があろうともこれを評価します。ソ連のファシズムと決別し、ナポレオン戦争以後に広まった国民国家になろうとしたことも確かです。それをしないと、民主化など絶対にできません。いかなる権力者をも従わせる法の支配、行政権力から独立した司法権力による裁判、民選議院による国民の政治参加、国民の権利尊重（基本的人権の尊重）など、国民国家に不可欠の段階を経なければ民主化など不可能です。

アメリカ人のように、いきなり投票箱を持ち込んで「民主化だ！」と叫んでも、多数による専制か大混乱に陥るだけです。大体、アメリカ人のように刀狩りもできないような前近代国家風情が、ヨソさまの国の政治に口出しすること自体が生意気なのです。この点で、アメリカごとき中世国家を増長させた日本の罪は重大です。罪を自覚した人は、『嘘だらけの日米近現代史』（扶桑社より絶賛発売中）を買いましょう。

エリツィンは政権の末期に向かうに従って、独裁色を強めます。

一九九二年十月十日、宇宙軍を創設。

一九九三年三月十六日、大統領府直属コサック部隊を創設。

すいません。嘘ついてしまいました。エリツィンは、最初から酔っ払っていました。単なる私の推理ですが、ウオッカを飲んで気が大きくなったときに宇宙軍をつくり、半年たって気が小さくなってコサック軍をつくったのだと思います。ちなみに、宇宙軍が何かの役にたったという話は聞きませんが、コサック親衛隊は一九九〇年代ユーゴ紛争で大活躍しました。

閑話休題。エリツィンが民主化を志したといっても、その物差しはあくまで我々西側陣営の基準です。

エリツィンは、外政においては負けっぱなしの政治家なのです。エリツィンほど、「ロシアの法則」とかけ離れた指導者はいません（ピョートル三世とかなら、いざ知らず）。

一九八九年、ヨーロッパピクニックをきっかけに東欧諸国がソ連の衛星国から離脱していきました。一九九一年、バルト三国がソ連から離脱しました。ソ連の版図はどんどん縮小していきます。そして、ソ連邦崩壊とCIS結成です。

ここまではエリツィンの責任ではありません。

エリツィンがロシア連邦の大統領に就任した際、東欧諸国と旧ソ連邦共和国の離脱という状況に直面することになりました。ソ連の支配に苦しめられた東欧諸国は、西側の庇護を求めてNATOに入りたがります。NATOの東方拡大です。

アメリカ大統領が話のわかるジョージ・ブッシュ（おバカの息子ではなく、賢い親父のほう）だったときは、「エリツィンの民主化」を支えなければならない、くらいの正常な判断力がありました。エリツィンのメンツをつぶせば、西側諸国の国益に反する。だから、約四十五年間苦しめられた東欧諸国の気持ちはわかるが、漸進的に話を進めていこう、くらいの態度です。

ところが、一九九二年末の大統領選挙でブッシュはビル・クリントンという外交音痴に敗れてしまいます。この外交音痴、国際情勢にはまったく知識がないくせに、やたらとユーゴ問題にだけは口を出しました。大統領選挙では得意の経済だけを言っていればまだかわいげがあるものの、なぜか「外交のことはこれだけを言う」といって、よりによってユーゴ問題だけを絶叫したのです。現地の複雑極まりない怨念渦巻く事情をわかりもしないくせに、「セルビアのスロヴォダン・ミロシェビッチの民族浄化を許すな！　クロアチア人とムスリムを救え！」とセルビア敵視政策を推進します。

クロアチアとムスリム（ボスニア＝ヘルツェゴビナ）はユーゴスラビアからの独立戦争を仕掛け、血みどろの殺し合いに突入します。

歴史的に、セルビアとロシアは兄弟国です。チトーが生きている間はおとなしくしていましたが、セルビアはチトーのソ連敵視政策に反感を抱いていました。それほどのセルビア人をロシアが見殺しにしたら沽券にかかわります。ただでさえソ連崩壊以後はEUによる東方拡大があるのに、今度はロシアが分裂しかねません。現に、チェチェン人はロシアからの独立戦争を仕掛けていました。

一九九一年から、セルビア・クロアチア・ボスニア＝ヘルツェゴビナの三つ巴の殺し合いが始まり、一九九五年にクロアチアとボスニア＝ヘルツェゴビナはユーゴからの独立が認められました。このプロセスで、クリントンはことあるごとにエリツィンのメンツをつぶしました。ロシアにとって唯一のメリットが、サミットへの参加です。ただ、ロシアにとって、それがどうしたというのでしょう。

決定的だったのは、一九九九年のコソボ紛争です。クリントンはNATOを引き連れて、セルビアにありったけの空爆を浴びせます。この戦いを簡単に説明すると、「コソボでセルビア人に弾圧されている」というアルバニア人の一方的なプロパガンダを信じたクリントンが「セルビア人は出ていけ！　平和維持のためにNATO軍が進駐して監視する」と言いだしたので、ミロシェビッチは「わかった。欧米全部を敵に回して喧嘩をする気はない。ただし、平和監視進駐軍はNATOではなく、国連決議を採ってほしい（国内向けの説明が必要なので）」と答えたら、「誠意が見えない！」と空爆を始めたのです。

これに、クリントンのおバカ仲間のトニー・ブレア英首相とゲアハルト・シュレーダー独首相が同調し、「いっそ地上戦までやっちまえ！」と煽りまくりました。それぞれ、民主党・労働党・社民党ですが、大戦争を始めるのはいつも決まってリベラルです。クリントンはビビリなので空爆しかしませんが（死人が出たら、自分の支持率にかかわる）、血に飢えたブレアとシュレーダーは「世界大戦も辞さず！」の勢いで突っ走ります。

唯一の真人間は、ジャック・シラク（共和国連合。一世の英傑ド・ゴールの精神を受け継ぐ、ド保守政党。ちなみに日本で一番〝右〟と言われる次世代の党も、フランスに放り込めば〝左派の真ん中〟になってしまうのがフランス）だけです。

シラクは、米露の間を飛び回り、かつヨーロッパの政治家を集めて「みんな正気になれ！」と、セルビアへの空爆が続く間も粘り強く交渉を続けます。

シラクはサミットの枠組みで解決しようとします。セルビアが望む国連は中国が拒否権を持っています。何をしでかされるかわかりません。サミットならばロシアが参加していながら、中国を排除できます。米露英仏独の首脳外相を差し置いて、我が日本の高村正彦外相（現・自民党副総裁）が写真撮影で真ん中にいるのを発見したとき、私は随喜の涙を流したものです。

また、高村外相はこのとき、マケドニアに飛んでいます。マケドニアは十九世紀以来、コソボ以上に周辺諸国の思惑に左右されてきた危険地域です。実際にコソボ紛争は隣のマケドニアにも飛び火しそうになっていました。その地域に日本の外務大臣が旗を立てた。

バルカン問題に欧米諸国はしがらみがありますから、公平な仲介がどうしてもできません。そこで大正期の国際連盟では大日本帝国が仲介役となっていたのですが、高村外相がまさに世界大戦前夜の危機にバルカンに飛んだというのは、大きな意義がありました。

高村さんといえば、「親中派じゃねえ?」とか、「外務省べったりじゃん?」とか、「語る財政政策は小学生並み」とか、いろいろ言われ、最後の一つは私も激しく同意しますが、それとこれとは別でしょう。

このころのニュースを見ながら私は、「本当に第三次世界大戦になってしまうのではないか」と危機感を抱いていました。どうやら同じ感覚を抱いた人が少なくとももう一人はいたようで、一九七〇年代から八〇年代にかけて「ノストラダムスの大予言」シリーズで「一九九九年七月に地球が滅びる!」式のパニック商法でミリオンセラーを連発し続けた五島勉氏は、一九九九年が近づくと「あれは間違いでした」といきなり謝っていたのですが、コソボ紛争が起きると急にまた強気になっていたそうです(どうでもいい話なので、ウラ取りはしていません。あしからず)。

日本人はバルカン半島の重要性と危険性をわかっていませんが、二度の世界大戦はバルカン半島から起こっているのです。この地域での、第一次大戦直前の民族主義者のテロ、第二次世界大戦直前のファシストor国王独裁が、地球規模の大戦争をもたらしたのです。

クリントンはシラクの仲介を無視して、エリツィンを挑発するようなマネばかりします。中国の江沢民はロシアに接近して、米露対立を煽るようなマネばかりします。

四月一日、エリツィンが「サミットの開催を要求する」と声明し、五日に高村外相は賛同したのですが、何を血迷ったかクリントンは蹴ってしまいます。

後で知ったのですが、激怒したエリツィンは「核の照準を戻す！」と絶叫したそうです。さらに、五月七日にはＮＡＴＯ軍がベオグラードの中国大使館を誤爆してしまうという事件が起きました。

ＮＡＴＯ軍が「もう空爆する目標がない」というところまできたところで、セルビアはコソボから引き揚げました。クリントンとしては一言「国連で審議するよ」と言っておけば獲得できた成果です。セルビアのミロシェビッチは、ＮＡＴＯの空爆が終わった後、地下に隠しておいた戦車で「戦勝パレード」までする始末です。結局、ミロシェビッチはコソボに固執していなかったのに、ＮＡＴＯが無意味な空爆をしただけです。ミロシェビッチは全欧米を敵に回しても負けなかった。セルビア軍は顕在だと示したのです。現にクリントンはセルビアを恐れて地上軍を降ろさせませんでした。クリントン・ブレア・シュレーダーの三バカは何がしたかったのでしょうか。

局地的に見れば、「コソボから追い出したのでNATOの勝ち」と言えますが、その代償はどうだったか。江沢民はコソボ紛争（中国大使館誤爆事件）のドサクサに法輪功の大弾圧を行っています。「人権外交」とやらを唱えていたクリントンはそれでよかったのでしょうか。何よりエリツィンのメンツは立ちません。

第二節　「プーチン」――ソ連邦の復活を目論む独裁者

エリツィンは、一九九八年から首相を相次いで解任していました。三月に五年間仕えてくれたチェルノムイルジンを皮切りに、八月にキリエンコ、一九九九年五月にプリマコフ、八月にステパーシンと猫の目のように首相が代わります。忠誠心があってもなくてもダメ、有能でも無能でもダメ。「だったらどうしろと言うんだ?」と言いたいところですが、どうしようもありません。

ただし、一九九九年八月に、ウラジミール・プーチンが登場したときは異様でした。明らかにエリツィンに独裁者の雰囲気はなく、何かに脅えているようにも見えました。

通説に値しない風説の流布

プーチンは柔道が好きだし、日本文化を大事にする親日派だ。

プーチンが権力を握っているうちに、北方領土を返してもらおう。


こういうのを「批評に値しない風説の流布」と言います。

これは先に結論から言いますが、プーチンの目の黒いうちは北方領土交渉に限らず、「甘い考えを抱くな！」です。

彼が何者かを振り返りましょう。

今でこそ物腰柔らかな演出を考えているのでしょうが、私の第一印象は「コイツ、絶対に人殺しだ！」でした。どことなく、他人のような気がしなかったのも確かですが（嘘です）。それもそのはず、ソ連時代のＫＧＢに志願して入り、東ドイツで裏仕事をやっていた人間で、首相就任当時はＫＧＢの後継組織であるロシア連邦保安庁の長官でした。

〝ソ連じゃんけん〟でいえば、秘密警察の天敵である党はもうありません。国家主義民族主義のエリツィンがそれに代わっていましたが、力が弱くなれば話は別です。バランスが崩れ、秘密警察の代表であるプーチンが権力を掌握したのです。

年末、エリツィンはプーチンに大統領職を禅譲します。プーチンは「強いロシアの復活」を掲げます。今に至るまでプーチンの世界観は変わりません。

第一の対象は、ロシア国内の権力掌握。クレムリン宮殿を舞台に行われるロシア政界の権力闘争だけではなく、チェチェンなど分離独立を企む勢力もこの範囲内の敵です。

第二の対象は、旧ソ連邦諸国です。エリツィンのときにCISとして緩やかな連合を組んだとはいうものの、実質はそれぞれが独立国として生きていました。しかし、プーチンにとっては野心の象徴です。話題のウクライナなどはまさにここです。紛争を起こしたグルジアもそうです。

第三の対象は、旧衛星国です。東欧諸国がここに入ります。プーチンが旧ユーゴ問題に口を出さないのは、一応の決着がついたこと、〝飛び地〟であること、先にやることがあることが理由でしょう。

プーチンの権力基盤は、ガスプロムという企業です。いうまでもなく、ガスの輸出で儲けている会社ですが、プーチンにしてもその手下のメドベージェフにしても、ガスプロムの利益代表、いうなれば企業〝舎兄〟なわけです。資源価格の高騰でプーチンにしてもガスプロムにしても力を持ったわけですが、「国民の生産力を上げてモノづくりをしよう！

それこそが国造りだ！」などという日本人的な発想はありません。投機でもなんでも儲かればいいや、の人たちです。こういう人たちにとって、国家は食い物です。かつて、イギリスが東インド会社を使ってインドを植民地にしたように、プーチンはガスプロムを使って自国ロシアを植民地（食い物）にしているようなものです。

それでいて、オリガルヒ（巨大財閥）の腐敗追及を掲げて人気取りをしているのですから、何をか言わんやです。

ロシアにも真人間がいて、近代国民国家になろう、法の支配、司法権独立、民選議院による国民の政治参加、国民の権利尊重を実現しよう！という人もいるのですが、発言力ゼロです。もし発言して力を持ったら、川に浮かぶか注射を刺されるか――いずれにしても、プーチンある限り、ロシアに言論の自由はありません。政敵が次から次へと変死を遂げています。日本人と同じ感性の持ち主でないことだけは確かでしょう。

プーチンが真っ先に、正式に大統領に就任する前から手をつけたのが、チェチェン対策です。チェチェンは、コーカサスの要衝にあり、石油パイプラインが通っています。目の前にはロシアに敵対的なアゼルバイジャンとグルジアがいます。これをロシアの宿敵であるトルコから見ると、グルジアとアゼルバイジャンは唇と歯の関係にあり、この両国があるからトルコとロシアは隣国にならずに済んでいるのです。チェチェンの離脱は、ロシアにとって危機に陥るので、絶対に許せないのです。

チェチェン人の民族性は「一人前の男として認めてもらう条件は、ロシア人を一人殺してくること」という勇猛果敢さです。エリツィン時代は、徹底的に武力抵抗を続けていました。これをプーチンは「エリツィンは生ぬるい！」と言わんばかりの弾圧をします。

二〇〇〇年二月、首都グロズヌイを一気に攻略、軍事占領します。「現代戦は首都陥落からが本番」のようなところもありますから、ここからが勝負です。十月にはチェチェンゲリラがモスクワで劇場に立てこもる事件がありました。プーチンは、チェチェン人を「挑発して事件を起こさせ、表に出たところを一網打尽！」が得意です。この手で、徹底的にゲリラ戦を封じていきます。

二〇〇五年三月にマスハドフ大統領が、二〇〇六年にバサーエフ野戦司令官が戦死するころになると、さすがのチェチェン人も闘志を挫かれます。

プーチンはチェチェン共和国に傀儡政権を樹立し、支配を強化します。そのやり方は、トップの大統領こそ学者を据えていますが、徴税や治安などは地回りのヤクザみたいな連中に任せ、住民の恨みが体制に向かうようにするという、前世紀以来の植民地支配そのものです。これを間接統治と言います。

前書『嘘だらけの日韓近現代史』の宣伝コピーで、「朝鮮人を人間扱いしたから大日本帝国は滅びた」と書いたら、脅迫状が三通来ました。日本人でもリベラル系のインテリは、「よくもまあ当たり前のことを、ここまで面白おかしい表現にできたな」という反応でしたが、脅迫してきた人は中身を読んでいないか、読んでも読解力がなかったのでしょう。他人の土地を支配するということは、プーチンに限らず、英仏葡西蘭独米のどの国もこんなもので、人間扱いをしないものです。そういうことをわからないで、「日本人も朝鮮人も同じ人間だ」という誰を説得しようとしているのかわからないスローガンを本気にした大日本帝国の甘さ（しかも、それが台湾や南洋委任統治領、満洲事変以後は朝鮮でも成功した）を問い直すべきだ、という趣旨なのです。要するに、冷厳な現実を直視せよ、ということです。

プーチンとはどういう男か。日本人は「強い政治家」のイメージだけを見ます。それはそれで間違いではないですが、彼は力の論理の信奉者です。だから、ロシアの法則「自分より弱い者は話など聞かずに叩きつぶすが、強い者とは絶対に戦わない」です。

二〇〇二年四月二十八日、アレクサンダー・レベジ（当時クラスノヤルスク州知事）が不自然極まりないヘリコプター事故で死去します。なぜかロシアではプーチンの政敵が「謎のヘリコプター事故で死去」するのですが、そのすべてが本当に事故だったのかは知りません。暗殺だと、断定もしません。

レベジは、エリツィンと大統領選挙で争い三位になりましたが、その後は政権に協力し、ロシアの自由化を進めます。政治的自由と共産主義とは決別して自由主義経済を導入しようとし、日本や欧米のようなマトモな国にしようとしたのです。欧米ではNATO、極東では日米との接近を試みました。クリントンが愚かにもはねつけてしまいましたが。

レベジは軍人出身だからこそ、無意味な紛争の意味を知っていました。チェチェン紛争を五年間凍結させたのも彼の功績です。レベジはロシアの真の敵は、中国だと見ぬいていました。だからこそ、欧米日に接近したのです。

プーチンにとってレベジは、邪魔なことこのうえありません。なぜなら、中国に対しては屈従的とも言える姿勢を取っているからです。ソ連崩壊後、アメリカに挑戦する挑戦者の位置には中国がいました。アメリカはプーチンが愛するソ連を滅ぼした仇敵です。中国と組んで、アメリカの覇権を脅かす道を選びました。

二〇〇一年六月、上海協力機構を結成します。中露と、「カトウタキ」と呼ばれる中央アジアの国々からトルクメニスタンを除いた四か国を誘い、計六か国で結成した軍事同盟です。

トルクメニスタンはカスピ海の石油や天然資源で豊かに暮らせ、時の独裁者もとい大統領のニヤゾフが「軍隊廃止宣言」「永世中立国宣言」をして国際政治にかかわらないという姿勢を取っていたので、こういうところには顔を出しません。ニヤゾフは石油があるので国民から税金を取らずに生きていけますし、自らの偉大さをたたえるのに忙しいので軍国主義のような面倒なことはやっていられないのです。彼は町中の地名に自分の名前をつけたので郵便局が困った、という独裁者ですが、国王に就任した途端「パタリロ沼」「パタリロ山」などと勝手に地名を変えた漫画の王様を思い出します。ついでに言うと、ニヤゾフもパタリロも一応は独裁者なのですが、国民が陰口を言っていても秘密警察は聞いていないふりをしているのも同じです。なぜこの国が独立国家として生き残れるのか、不思議で仕方がありません。

さて、上海協力機構ですが、アメリカがイスラム過激派のアルカイダのテロに遭った後に結成されたので、名目は「中央アジアのイスラム原理主義者を掃討する」でした。もちろん、中露の本音での仮想敵はアメリカです。そして、カザフスタン、ウズベキスタン、タジキスタン、キルギスタンの国々はソ連時代から面従腹背ですから、反露のあまり親中になっています。プーチンは上海協力機構の枠組みが崩れなければ、それでも構わないようです。

二〇〇五年八月、露中合同軍事演習が行われました。アメリカのジョージ・ブッシュ大統領（おバカな二代目のほう。といっても世間で言われるほどでもないが）は、これで対中融和姿勢になりました。なお、このときの演習に、中国軍七〇〇〇人、ロシア軍一八〇〇人が参加しています。

二〇〇八年、プーチンは三選を禁止する憲法の規定に従って、大統領職を降りました。後任は腹心のメドベージェフで、自分は首相に収まります。独裁国ではありがちなことです。

ウィキリークス事件といって、アメリカ合衆国政府の公電が漏えいした事件で、アメリカ政府がプーチンとメドベージェフの関係を「バットマンとロビン」と評していたことが世界中にばれました。それはそのとおりなのですが、メドベージェフとてガスプロムの利益代表であり、プーチンとともにマフィアです。

日本の、誰だか名前は忘れましたが、アホウ、いや麻生とかいう総理大臣が、「メドベージェフはプーチンの腰巾着だから与し易い。北方領土を返せ」みたいな態度をとったので、「変な幻想を抱くな」とまで言明され、メドベージェフに国後島を訪問されるという、余計に北方領土交渉をこじらせる無意味な結果に終わりました（実際の訪問は次の鳩山由紀夫内閣のときですが）。

メドベージェフはプーチンの路線を非情に実行できるから、「ロビン」が務まるのです。

メドベージェフが大統領になった二〇〇八年、北京五輪の真っ最中に、反抗的な南オセチアとアブハジアで民族紛争を抱えていたグルジアのサアカシビリ大統領が南オセチアに侵攻しました。しかし、グルジアはメドベージェフをなめていたのか、大敗を喫します。

そういえば、グルジアの初代大統領といえば、ソ連外相を長く務めたエドワルド・シェワルナゼです。ゴルバチョフ末期、守旧派とゴルビーの権力闘争に嫌気がさして故郷に帰っていましたが、ソ連崩壊後はグルジアの大統領に選ばれました。隣国アゼルバイジャンのヘイダル・アリエフ大統領（現在のイルハム・アリエフ大統領は息子）と組んで、ロシアと張り合っていました。シェワルナゼもアリエフも秘密警察出身ですから、蛇の道は蛇です。トルコやアメリカを抱き込みロシアの干渉を排しました。先代アリエフがカスピ海の石油利権でクリントンを巻き込んだときは、「1兆ドルの買収劇」と言われました。

また彼らは強権的な手法で分離独立を主張する過激派を抑え込んでいたのです。アゼルバイジャンもグルジア以上に複雑な民族問題を抱えています。ナゴルノカラバフという土地をめぐり、隣国アルメニアとバルカン半島並みの怨念を抱く民族紛争をしているのです。グルジアやアゼルバイジャンからの独立を目論む連中は、もちろんロシアの支援をあてにしてのことです。

シェワルナゼは「暗殺逃れの名人」の異名を持つほどにつけ狙われました。別にロシアが黒幕とは言っていません。ロシアに言われるまでもなくやるヤツはいますので。

そのシェワルナゼを追い払ったサアカシビリですが、アメリカの後ろ盾を頼みに強硬路線を取ったものの、しょせんプーチン&メドベージェフにとっては「飛んで火にいる夏の虫」でした。

ロシアは南オセチアに「独立するぞ」とグルジアを挑発させ、弱いグルジアに先制攻撃させ、即座に反撃して南オセチアとアブハジアをグルジアから独立させたのです。これまた即座に両国を国家承認しました。世界中誰もこんな国を承認しませんが、ロシア人は自分の国益さえ守れれば、全世界を敵に回しても気にしません。そういえば、かつて、自分がつくった傀儡国家を世界中が認めてくれないと泣きながら国際連盟を脱退した情けない国がありましたが、ロシア人を見習えと言いたいです。

ちなみに、その傀儡国は満洲国というのですが、世界の約二十か国から承認されています。これで少ないと思ったら外交音痴です。当時の世界の国の三分の一から承認されています。そんなナイーブな感性だと、世界二百か国中二十か国からしか承認されていない台湾はどうするのか、ということです。

グルジア紛争は、フランス大統領のサルコジという人が、ほとんど土下座するようなかたちで終結しました。プーチンは、傀儡国家のアブハジアと南オセチアが国家承認されない以外は、全面勝利です。そもそも、プーチンは国家承認などになんの価値も置いていないので、完全勝利です。

この年、世界中を襲ったリーマンショックという出来事があったのですが、カネに汚いプーチンといえど、安全保障の痛みに比べれば「蚊に刺されたようなもの」です。このとき、アメリカ・中国・EUが「デフレに陥るな！」と一生懸命お札を刷っているのに、ほとんど何もせずに世界一被害をこうむった国があります。

これは書いておきましょう。日本国です。総理大臣は麻生太郎、日本銀行総裁は白川方明。この二人のせいで、多くの人が命を落とし、人生を台なしにされました。大日本帝国が滅んでからこの本では日本という国がほとんど出てきませんが、保守気取りのアホウだの、日本よりも中華人民共和国の国益に奉仕していた白川が権力を握っている時点で、登場させるに値しません。

確かにプーチンはロシア人から搾取し、私利私欲を貪っている。はっきり言えば、大嫌いな政治家です。同胞を苦しめている時点で、アホウや白川と同類です。しかし、プーチンはロシアの国益を追求しているだけまだましなのです。中国への屈従的な姿勢はともかくとして。

二〇一二年、プーチンは予定どおり大統領に復帰し、メドベージェフは首相に引きました。万事つつがなしの独裁政権です。

二〇一四年、ウクライナ危機が発生しました。日本のニュースでも、ウクライナは西部が親欧米、東部が親露と言われていました。西部の連中がよせばいいのに、欧米の後ろ盾を頼みに蜂起したのです。プーチンは情け容赦なく軍事侵攻し、クリミア半島を「ここはソ連時代にウクライナに編入したが、もともとウチのものだ」とばかりにロシアに編入してしまいました。

欧米は口では文句を言いますが、それっきりです。

グルジア紛争の再現ＶＴＲとも言えますし、ハンガリー動乱やプラハの春でも同じようなことを繰り返しています。何を今さらです。世界は地政学の論理で動いているので、ロシアの縄張りのウクライナに欧米が手を出せたとしたら、そちらのほうが異常なのです。一部には「アメリカの覇権の失墜」などと騒ぐ日本人がいましたが、アメリカは口先で批判していればいいのですし、むしろロシアが負ければプーチンの危機です。勝って当然の勝負ほど負けられないプレッシャーがあるということを知らないのでしょうか。

欧米がロシアに経済制裁を仕掛けてルーブル危機に陥っています。これまたよくわからない「ロシアの弱みにつけ込んで北方領土を取り戻そう。話を一歩でも進めよう」という評論もあります。この「話を一歩でも進めよう」がいついかなるときでも現実主義だという勘違いが困るのです。話を一歩も進める気がない相手にそんな持っていき方をすれば、条件を吊り上げられるに決まっています。

外交官でもある高橋昭一さんの『トルコ・ロシア外交史』のあとがきで紹介された記述です。トルコ人に「日本は北方領土をどうやって取り返すべきか」と聞くと、「戦争で取られたものは戦争で取り返すしかないだろう」という、実に国際常識にかなった答えが返ってきたということです。

二〇一五年は「戦後七十年」です。では、本気で「敗戦国のままじゃイヤだ」と行動した人が何人いるでしょうか。

二〇一二年、「嘘だらけシリーズ」第一作『日米』では、「今の日本は負けたフリをしているだけだ」と絶叫しました。いつかそう言える日がくるまで頑張ろう、私がその先駆けとなるつもりでした。

二〇一三年、第二作『日中』を書いたときは、第二次安倍晋三内閣が絶好調でした。中国には長年苦しめられていたけど、このままアベノミクスが続けば、もう敗戦国ではなくなる。希望に満ちたラストでした。

ところが同年末、第三作『日韓』を書いている最中に、安倍晋三首相はアベノミクスの死刑執行書にほかならない消費増税八％を決断してしまいました。私は執筆の最中に、「どうやら安倍首相が増税に追い込まれたらしい」「増税してもアベノミクスを守る方法を模索している」という情報を入手したので、ありとあらゆる手段を使って「今からでも間に合う。絶対に増税するな」「デフレ下に増税してもアベノミクスを守るなんて都合がいい方法などない！」と訴え続けました。しかし、届きませんでした。平成二十五年十月一日の、安倍首相のみっともないことこのうえない、喧嘩に負けて泣きべそをかいているような増税発表の記者会見。

見たくなかった。

これで最低でもあと二十年、日本は敗戦国のままだ、と放心しました。

案の定、二〇一四年の四月に消費増税を断行した途端、劇的に景気は腰折れし、アベノミクスの命数が尽きるのは火を見るより明らかでした。

だから言っただろ……。

昭和八年連盟脱退。昭和十二年支那事変。昭和十六年対米開戦。

なぜ日本はいつも正論が通らず、間違った方向に進んでしまうのか。そして事情を何も知らない弱い者が不幸になるのか。

二〇一四年秋、消費税一〇％増税はなんとか阻止しました。しかし、一年半の猶予を得たにすぎません。この時間をどう生かすのか。

何度叩きのめされても這い上がってくる強敵のロシアから学べるものはないかと考え、筆をおきます。

おわりに――今さらながらの自己紹介

平成二十七年一月、本書執筆中に警察庁は「自殺が激減し、とくに経済苦を理由とした自殺者が去年に比べて約二千人減った」と発表しました。平成十年以降長らく「自殺者三万人時代」が続いていたことを考えると、感慨深い思いがあります。

もしかしたら、私もその中にいたかもしれない。

世間の皆さんからすれば、私は順風満帆に世に出た苦労知らずの人間だと思われているかもしれません。しかし、私には人生で三度、「生きていたくない」と思ったことがありました。もし、この「嘘だらけシリーズ」がなければ、いったいどうなっていたか。

「もう生きていたくない」。でも、「どうやって生きていこうか」と考えていた平成二十一年六月。ブログ「倉山満の砦」を立ち上げました。もしかしたら自分にも何かできることがあるかもしれない、そう思ったからです。

正直、自分は憲政史の専門家であり、経済には興味がありませんでした。お金がないことなど、なんとも思っていません。しかし、言論人として活動していくなかで、どれほど多くの人がデフレと増税で夢や人生を奪われ、自ら命を絶っている現実を、そして本来は責任をとらねばならない人たちが、高みの見物を決め込んでせせら笑っているという事実を知りました。

だから、私は「まず経済」「経済のことを解決できないで、憲法や歴史の話ができるか」と考えるようになったのです。別にたいそうなことを考えていたわけではありませんが、かつての自分と同じように、ほんの少しばかりお金がないばかりに自分や周りを不幸にしてしまう、そんな人間を少しでも減らしたい。そんな世の中を叩き直したい。ただ、それだけでした。

平成二十四年八月、『嘘だらけの日米近現代史』が刊行されました。最初からそんな大ヒットをしたわけではないのですが、それなりに評価され、今もロングセラーとなっています。私はこの作品で世に出ることができたと言っていいでしょう。このときの「おわりに」では、「日本は戦争に負けたフリをしているだけだ」と訴えました。今読めば、「自分の運命は自分で切り開くしかない。国家でも個人でもそれは同じだ」と言っているようにも聞こえます。

このころの私は、外から見れば順風満帆の人生です。大学の学部長待遇でシンクタンクの所長に招かれました。しかし、私を知る人は「すさんでいた」と言います。また、画面の私は「笑わない人」と映っていたようです。世間は、とくにネット保守の間では安倍晋三自民党総裁の返り咲きで沸き返っていたなかで、なぜか一人だけ浮かない顔をしている。世間の見えないところで私の心はボロボロでした。実際、いろいろなことが重なり、追い詰められていたのです。

秋、ある団体が主催する「安倍救国内閣」応援の集会と演説会に参加しました。日比谷野外音楽堂のステージで四千人の聴衆を前に絶叫しました。

「十四年間連続デフレ不況という、人類史上、類を見ない！　例を見ない！　世紀の大悪政をやった日本銀行に鉄槌を下すときじゃないでしょうか!!　……私が言いたいことはただ一つ。白川を討て！！！」

私は言論人としてデビューして以来、ことあるごとに白川方明日銀総裁のデフレ政策を批判してきました。それは単に、白川や日銀が経済政策を誤ったからではありません。彼らはデフレで苦しんでいる人々に目を向けようとしないばかりか、そもそも自分たちの責任とも思っていない。それどころか、絶対の安全地帯で下々の者を見下すかのような態度でせせら笑っている。白川は、テレビ番組に出てきてヌケヌケと「デフレの原因は国民がバカだからだ」と言ってのけました。しかし、多くの日本人は、自分たちがなぜ努力をしても報われないのかを知らない。自分たちが小バカにされていることすらも知らない。だから、白川方明を世間に引きずり出して、夢や人生や、あるいは命や大切な人を失った人たちの怒りをぶつけてやろう。

集会は場所を有楽町に移して演説会になりました。ついてきた二千五百人の聴衆と、通行人に向けて訴えました。

「(日銀の)貴族たちに、毎日お昼ごはん三百円で済ましているサラリーマンの気持ちがわかりますか? 三百社もまわって内定の一つとれずにフリーターをやっている若者の気持ちがわかりますか? 運よく正社員になれてもリストラが怖くて、ボーナスカットをされても我慢して、嫌な人間関係に耐えている人たちの気持ちがわかりますか?」

かつての自分のことです。もっとも、私の境遇はもっとひどかったのですが。

この瞬間、私は本気で「殺されてもいい」と思っていました。

翌平成二十五年二月、安倍首相は白川日銀総裁から辞表を取りました。このときばかりは「安倍さんがやってくれた！」と小躍りしたものです。

私は再びフリーの書き手となり、その年の六月に『嘘だらけの日中近現代史』を上梓します。書き手としてブランクがあったので勘を取り戻すのに大変でしたが、最後の四章は八日で書き上げました。これこそ担当の犬飼さんの支えがあったからです。『ＳＰＡ！』統括編集長の渡部超さんをはじめ、扶桑社の皆さんの応援にも支えられました。

おかげで『日中』は、私の中で最大のヒット作品となりました。この本のあとがきは、夢と希望に満ちています。アベノミクスで世の中は明るくなってきたからです。

ところが、半年後には暗転します。

『嘘だらけの日韓近現代史』を書いている最中に、「安倍首相が消費増税八％を決断したらしい」との情報が入ってきました。デフレを脱却しないうちに増税などしたら、アベノミクスはつぶされてしまう。中国が喜ぶだけではないか。

自民党の九割、公明党、民主党の幹部全員、財界、労働界、官僚、マスコミが、つまり日本の指導者層のすべてが、木下康司財務事務次官に忠誠を誓っている。そして国民に選ばれたはずの安倍首相が財務省の前に跪かされる。

平成二十五年九月七日、私は狂ったように木下康司財務次官への攻撃を開始しました。「たとえ日本が滅んだとしても、貴様に一太刀浴びせてやる。絶対に黒幕として安全地帯で天寿を全うさせてやるものか」と決意して。

この目論見は見事に成功しました。インターネットで「木下」と検索すれば、一時はトップアイドルの木下優樹菜より上位にくるようになりました。「木下康司」の関連検索ワードは「増税」「国賊」などが並ぶようになります。こんなものは簡単に消せますが、デフレ期に増税しようとした木下氏への怨嗟に満ちたコラ画像はいまだに残っています。すでに「史上もっとも有名な財務事務次官」になったといっていいでしょう。

しかし、肝心の声は届きませんでした。

「まだ増税阻止は間に合う！」「ここで増税を押し切られたら、戦後レジーム脱却など夢のまた夢だぞ！」「安倍さん、あんた長州人だろ⁉」

十月一日、「私は長州人です」と二度も繰り返した安倍首相の「増税」記者会見は見ていられませんでした。

平成二十六年十月、確かに単なる延長とはいえ、消費税一〇％増税は阻止しました。

私は安倍内閣に二つだけ期待しています。一つは景気回復、もう一つは時間稼ぎです。

むしろ、それ以外の余計なことはやってほしくない。景気回復も時間稼ぎもできなくなってしまうからです。安倍内閣で戦後レジームの脱却など、あまりにも空想的です。経済大国なのに自分の経済すら覚束なくて、何ができるというのか。

米中両超大国に小突き回される日本、それどころか北朝鮮や韓国にすらなめられている日本。彼らと張り合うには、プーチンのロシアのようにしたたかな国民にならなければならないでしょう。

憎むべきだが、尊敬すべき強敵のロシアに学ぶべきところは多い。しかし、果たして我が国が再び幕末維新のような奇跡を起こせるのはいつの日でしょうか。

命には懸け時がある。その日まで、読者の皆様とともに研鑽を続けたいと思います。

相変わらず、このあとがきにはロシアのことがどこかにいってしまったようですが（笑）。

またしてもではありますが、扶桑社担当犬飼孝司さんには二週間も締め切りを遅らせ、発売月に突入してからこの「おわりに」を書くという大迷惑をかけている。三跪九叩頭でお詫びをしたうえで、ここまで引き立てていただいた感謝の意を表したい。

クロアチア
ルーマニア
ボスニア・
ヘルツェゴビナ
セルビア
コソボ
ブルガリア
黒海
モンテネグロ
マケドニア
アルバニア
イタリア
コンスタンチノープル
（イスタンブル）
ギリシャ
レパント湾
（コリント湾）
トルコ
プレヴェザの海戦
（イオニア海）
地中海
カザフスタン
南オセチア
アラル海
チェチェン
ウズベキスタン
キルギスタン
アゼルバイジャン
カスピ海
トルクメニスタン
タジキスタン
アフガニスタン
イラク
イラン
パキスタン
インド

●ヨーロッパの略図

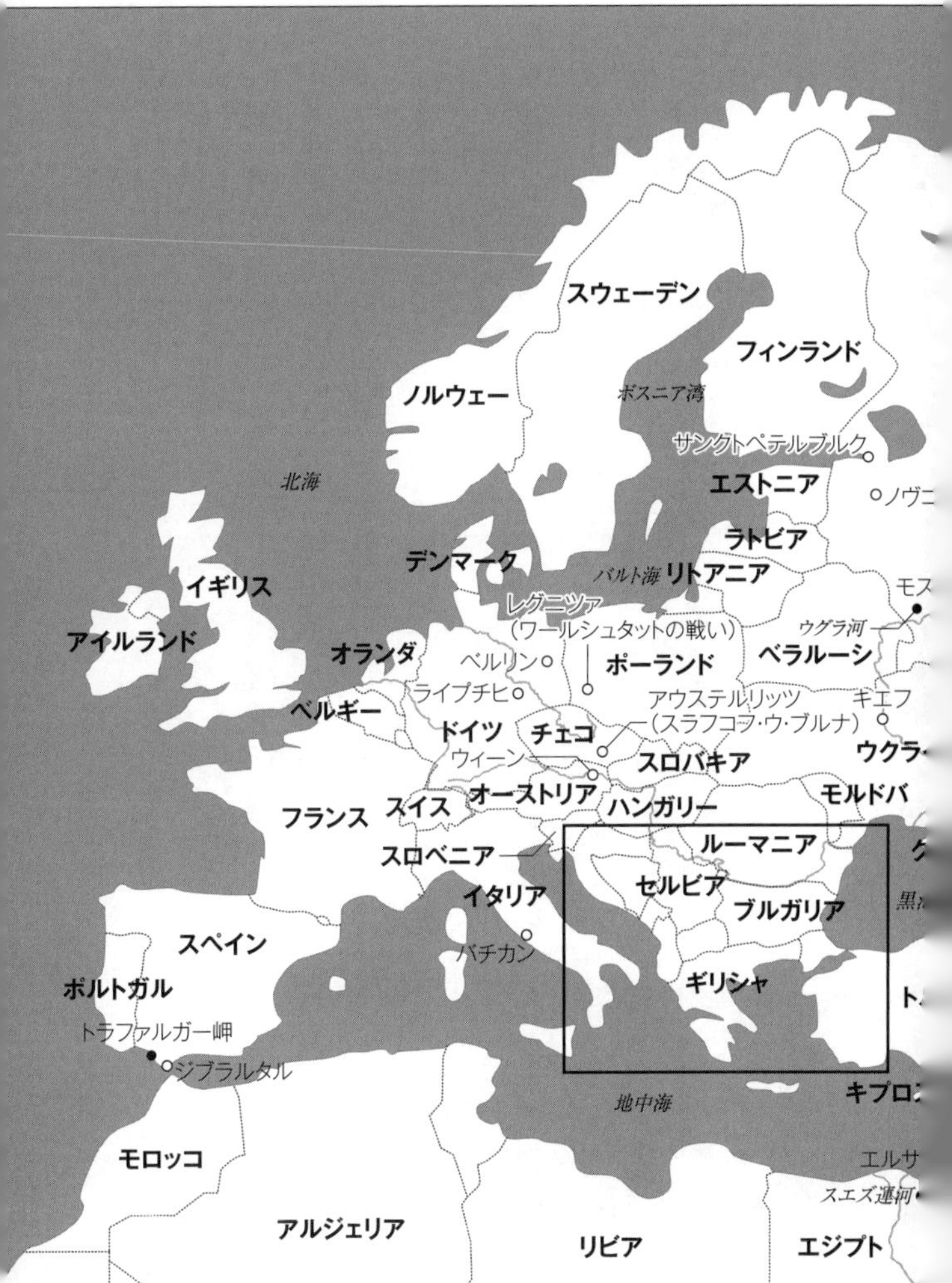

スウェーデン
フィンランド
ノルウェー
ボスニア湾
サンクトペテルブルク
エストニア
北海
ラトビア
デンマーク
バルト海
リトアニア
イギリス
レグニツァ
(ワールシュタットの戦い)
ウグラ河
アイルランド
オランダ
ベルリン
ポーランド
ベラルーシ
ライプチヒ
アウステルリッツ
(スラフコフ・ウ・ブルナ)
キエフ
ベルギー
ドイツ
チェコ
ウィーン
スロバキア
オーストリア
モルドバ
フランス
スイス
ハンガリー
ルーマニア
スロベニア
セルビア
イタリア
ブルガリア
スペイン
バチカン
ポルトガル
ギリシャ
トラファルガー岬
ジブラルタル
キプロス
地中海
モロッコ
スエズ運河
アルジェリア
リビア
エジプト

倉山 満（くらやま　みつる）
1973年、香川県生まれ。憲政史研究者。1996年、中央大学文学部史学科を卒業後、同大学院博士前期課程を修了。日本近代史の泰斗でもある鳥海靖教授に師事し、教授の退任に伴って同大学院を退学。在学中より国士舘大学日本政教研究所非常勤研究員を務め、2015年まで同大学で日本国憲法を教える。2012年、希望日本研究所所長を務め、同年、コンテンツ配信サービス「倉山塾」を開講、翌年には「チャンネルくらら」を開局し、大日本帝国憲法や日本近現代史、政治外交について積極的に言論活動を展開している。主著にベストセラーになった「嘘だらけシリーズ」三部作『嘘だらけの日米近現代史』『嘘だらけの日中近現代史』『嘘だらけの日韓近現代史』、『保守の心得』『帝国憲法の真実』（すべて小社）など

扶桑社新書　179

嘘だらけの日露近現代史

2015年 3月 1日 初版第一刷発行
2020年10月10日　　第五刷発行

著　　者………倉山 満
発 行 者………久保田榮一
発 行 所………株式会社　扶桑社
〒105-8070
東京都港区芝浦1-1-1　浜松町ビルディング
電話　03-6368-8875（編集）
03-6368-8891（郵便室）
www.fusosha.co.jp

DTP制作………株式会社 Office SASAI
印刷・製本………株式会社 廣済堂

 ISBN978-4-594-07227-8